Seguridad e higiene y protección ambiental en hostelería

María Nieves Jiménez Romero

Marta Pino Martín

Carmen María Solís Lara

ic editorial

Seguridad e higiene y protección ambiental en hostelería
© María Nieves Jiménez Romero
© Marta Pino Martín
© Carmen María Solís Lara

Colaborador: Antonio Caro Sánchez-Lafuente, Francisco Alfonso Izquierdo Carrasco y Lidia Rey Acosta

1ª Edición

Editado por: IC Editorial
c/ Cueva de Viera, 2, Local 3
Centro Negocios CADI
29200 Antequera (Málaga)
Teléfono: 952 70 60 04
Fax: 952 84 55 03
Correo electrónico: iceditorial@iceditorial.com
Internet: www.iceditorial.com

ISBN: 978-84-1184-869-5
Depósito Legal: MA 887-2025

Impresión: PODiPrint
Impreso en Andalucía – España

Nota de la editorial: IC Editorial pertenece a Innovación y Cualificación S. L.

Presentación del manual

El **Certificado de Profesionalidad** es el instrumento de acreditación, en el ámbito de la Administración laboral, de las cualificaciones profesionales del Catálogo Nacional de Cualificaciones Profesionales adquiridas a través de procesos formativos o del proceso de reconocimiento de la experiencia laboral y de vías no formales de formación.

El elemento mínimo acreditable es la **Unidad de Competencia.** La suma de las acreditaciones de las unidades de competencia conforma la acreditación de la competencia general.

Una **Unidad de Competencia** se define como una agrupación de tareas productivas específica que realiza el profesional. Las diferentes unidades de competencia de un certificado de profesionalidad conforman la **Competencia General,** definiendo el conjunto de conocimientos y capacidades que permiten el ejercicio de una actividad profesional determinada.

Cada **Unidad de Competencia** lleva asociado un **Módulo Formativo,** donde se describe la formación necesaria para adquirir esa **Unidad de Competencia,** pudiendo dividirse en **Unidades Formativas.**

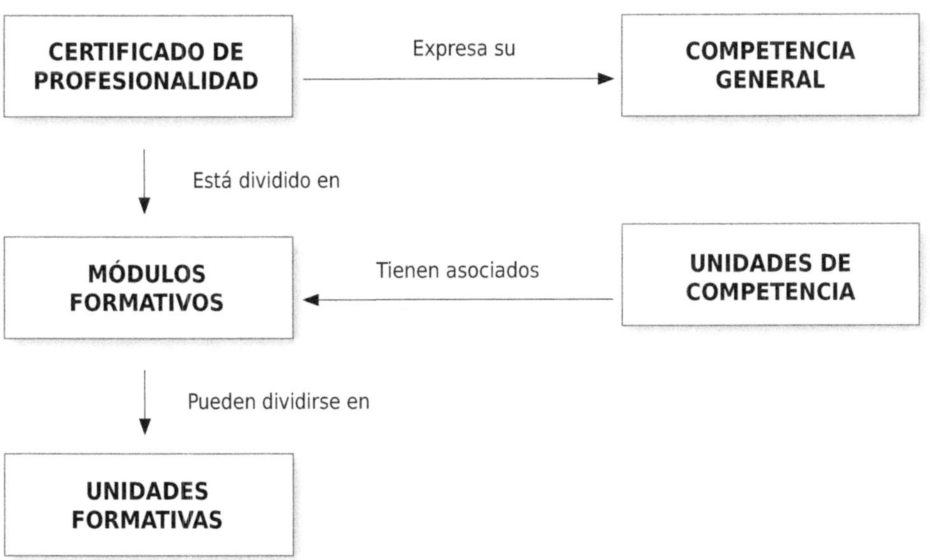

El presente manual pertenece al Módulo Formativo **MF0711_2: Seguridad, higiene y protección ambiental en hostelería,**

asociado a la unidad de competencia **UC0711_2: Preparar y exponer elaboraciones sencillas propias de la oferta de bar- cafetería,**

del Certificado de Profesionalidad **Servicios de bar y cafetería**

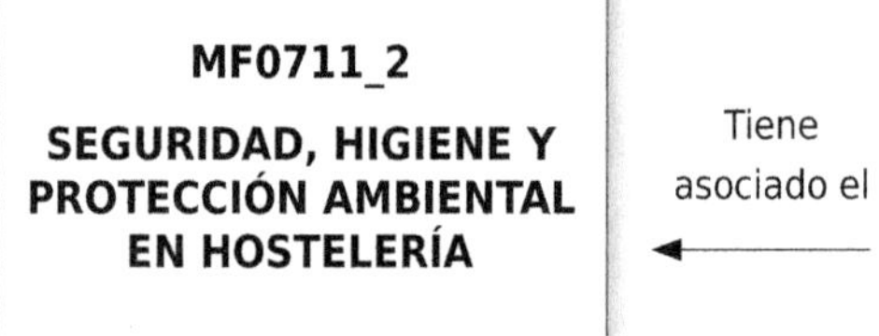

UNIDAD DE COMPETENCIA UC0711_2

Preparar y exponer elaboraciones sencillas propias de la oferta de bar - cafetería

FICHA DE CERTIFICADO DE PROFESIONALIDAD

(HOTR0508) SERVICIOS DE BAR Y CAFETERÍA (R. D. 1256/2009, de 24 de julio, modificado por el R. D. 685/2011, de 13 de mayo y por el R. D. 619/2013, 2 de agosto)

COMPETENCIA GENERAL: Desarrollar y prestar todo tipo de servicios de alimentos y bebidas en bar- cafetería y preparar elaboraciones culinarias propias de este servicio, aplicando con autonomía las técnicas correspondientes, sirviendo y recomendando vinos, acogiendo y atendiendo al cliente aplicando las normas de cortesía correctas, utilizando en caso necesario, la lengua inglesa, consiguiendo la calidad y objetivos económicos establecidos y respetando las normas y prácticas de seguridad e higiene en la manipulación alimentaría.

Cualificación profesional de referencia	Unidades de competencia		Ocupaciones o puestos de trabajo relacionados:
HOT327_2 SERVICIOS DE BAR Y CAFETERÍA (R. D. 1700/2007 de 14 de diciembre)	UC1046_2	Desarrollar los procesos de servicio de alimentos y bebidas en barra y mesa	· 5020.003.0 Barman · 5020.004.1 Camarero de bar-cafetería · 5020.004.1 Camarero de barra y/o dependiente de cafetería · 5030.006.4 Encargado de bar-cafetería · 5030.006.4 Jefe de barra en bar o cafetería
	UC1047_2	Asesorar sobre bebidas distintas a vinos, prepararlas y presentarlas	
	UC1048_2	Servir vinos y prestar información básica sobre los mismos	
	UC1049_2	Preparar y exponer elaboraciones sencillas propias de la oferta de bar- cafetería	
	UC1050_2	Gestionar el bar- cafetería	
	UC0711_2	Actuar bajo normas de seguridad, higiene y protección ambiental en hostelería	
	UC1051_2	Comunicarse en inglés, con un nivel de usuario independiente, en los servicios de restauración	

Correspondencia con el Catálogo Modular de Formación Profesional		
Módulos certificado	**Unidades formativas**	**Horas**
MF1046_2. Técnicas de servicio de alimentos y bebidas en barra y mesa		70
MF1047_2. Bebidas		80
MF1048_2. Servicio de vinos		90
MF1049_2. Elaboración y exposición de comidas en el bar- cafetería		50
MF1050_2. Gestión del bar - cafetería	UF0256: Control de la actividad económica del bar y cafetería	90
	UF0257: Aplicación de sistemas informáticos en el bar y cafetería	30
MF0711_2. Seguridad, higiene y protección ambiental en hostelería		60
MF1051_2. Ingles profesional para servicios de restauración		90
MP0057. Modulo de practicas profesionales no laborales		80

Índice

Unidad de aprendizaje 6

Seguridad y situaciones de emergencia en la actividad de hostelería

OBJETIVOS GENERALES

El objetivo general del Módulo Formativo **MF0711_2: Seguridad, higiene y protección ambiental en hostelería,** es:

- Actuar bajo normas de seguridad, higiene y protección ambiental en hostelería.

Unidad de aprendizaje 1

Higiene alimentaria y manipulación de alimentos

Contenido

1. Introducción
2. Normativa general de higiene aplicable a la actividad
3. Alteración y contaminación de los alimentos: conceptos, causas y factores contribuyentes
4. Fuentes de contaminación de los alimentos: físicas, químicas y biológicas
5. Principales factores que contribuyen al crecimiento bacteriano
6. Limpieza y desinfección
7. Materiales en contacto con los alimentos
8. Calidad higiénico-sanitaria: conceptos y aplicaciones
9. Autocontrol: sistemas de Análisis de Peligros y Puntos de Control Crítico o APPCC
10. Guías de Prácticas Correctas de Higiene o GPCH. Aplicaciones
11. Alimentación y salud: riesgos para la salud derivados de una incorrecta manipulación de alimentos
12. Personal manipulador: requisitos de los manipuladores de alimentos. Reglamento. Vestimenta y equipo de trabajo autorizados. Gestos. Heridas y su protección
13. Resumen

Objetivos

El objetivo específico de esta Unidad de Aprendizaje es:

→ Reconocer y aplicar las normas y medidas vigentes y necesarias para asegurar la calidad higiénico-sanitaria de la actividad de hostelería.

1. Introducción

En ocasiones, poder garantizar al consumidor la inocuidad de los alimentos no es tarea fácil. Por eso, a las personas que trabajan con alimentos, se les requieren **conocimientos de todos los factores que puedan alterar la garantía de la salubridad** de estos.

Para poder confiar en un buen resultado, no basta con un óptimo estado de la materia prima, sino también de otros aspectos como, por ejemplo, las condiciones que interfieren en el entorno de los alimentos, incluyéndose pues la persona encargada de su manipulación directa o indirectamente, entre otros.

Uno de los factores más importantes en todo este proceso es la higiene que se aplique en él. Por ello, nos basaremos en los casos que se produzcan en el restaurante La Fuente, donde se procura cumplir con toda la normativa vigente en esta materia, así como seguir todos los procesos de forma adecuada.

2. Normativa general de higiene aplicable a la actividad

HILO CONDUCTOR

El restaurante La Fuente se construyó hace un año en una zona céntrica de la ciudad. Para poder cumplir con la normativa vigente tuvo que cumplir una serie de requisitos que se desarrollaron en la construcción del local. Algunos de estos requisitos son:

- Las paredes y suelos están fabricados en material resistente, impermeables, no absorbentes y de fácil limpieza.
- Los techos deben evitar la condensación de humo.
- Las ventanas que dan al exterior están protegidas con mallas antiinsectos.

Los alimentos, en la gran mayoría de los casos, se ven, directa o indirectamente, afectados por una mala higiene, pudiendo esto afectar a la salud del consumidor. El hecho de poder asegurar una buena higiene no basta. Por ello, el Parlamento Europeo aprobó un reglamento para verificar la correcta higiene de los productos alimenticios: el **Reglamento CE n.° 852/2004.**

El Reglamento n.° 852/2004 del Parlamento Europeo y del Consejo, de 29 de abril de 2004, relativo a la **higiene de productos alimenticios,** define la higiene alimentaria como:

> *[...] las medidas y condiciones necesarias para controlar los peligros y garantizar la aptitud para el consumo humano de un producto alimenticio teniendo en cuenta la utilización prevista para dicho producto.*

Estas medidas y condiciones que deben garantizar el consumo de los alimentos se tienen que dar en todas las etapas por las que un alimento pasa, las cuales se engloban en:

Producción primaria

- En esta etapa se incluyen la producción, crianza, cultivo y todas las etapas que necesitan cada uno de los géneros a tratar, inclusive la recolección, sacrificio de los animales, etc.

Transporte

- En el transcurso de esta fase se incluyen todo tipo de transportes, como pueden ser transportes de animales vivos, transportes refrigerados, transportes a temperatura ambiente, etc.

Almacenamiento y conservación

- El almacenamiento y conservación se debe dar siempre en condiciones óptimas, dependiendo esta del tipo de alimento a conservar. Las zonas de almacenamiento deben estar claramente delimitadas del resto y adecuadas a la temperatura que se requiera. Igual ocurre con la conservación, que se debe dar en recipientes adecuados, almacenados en su lugar correspondiente y con sus necesidades óptimas.

Transformación y cocinado

- En el proceso de transformación y cocinado se engloban todas las manipulaciones que se realicen con el alimento, desde su elaboración previa hasta su posterior cocinado y servicio al cliente.

Para favorecer el buen tratado de los alimentos en las etapas que se han visto anteriormente, se dan otra serie de **requisitos en relación a:**

- **Establecimiento y su entorno:** se establecen una serie de requisitos que debe tener el establecimiento en relación a su equipamiento, condiciones, limpieza, suministro de agua potable, etc.
- **Equipos:** se establecen una serie de requisitos para los equipos, maquinarias, utillajes y toda superficie que esté en contacto directo o indirecto con los alimentos, es decir, en su entorno.
- **Limpieza e higiene:** se establecen una serie de requisitos para la limpieza de todos los equipos, en general de todo el establecimiento y su entorno, así como para la higiene de toda persona manipuladora que esté en contacto con los alimentos.
- **Formación:** toda persona en contacto con este sector debe estar debidamente formada, estableciéndose unos requisitos mínimos en cuanto a su formación para poder desempeñar su labor.
- **Condiciones de transporte:** el transporte debe realizarse con los medios adecuados y en unas condiciones establecidas, estando los productos debidamente embalados, envasados y etiquetados.
- **Tratamiento de los alimentos:** deben cumplirse una serie de condiciones en la manipulación de los alimentos, dándoles el tratamiento

térmico adecuado durante todo su proceso de transformación y cocinado. Las personas encargadas de su manipulación deben estar debidamente formadas.

La parte del proceso productivo que albergan los establecimientos de restauración es principalmente la de **transformación y cocinado.** Por ello, entre las normas y requisitos que deben cumplir las empresas en relación a los locales, instalaciones y utillaje destacan las relativas a la higiene.

El diseño y disposición de las salas en las que se preparen, traten o transformen los productos alimenticios deberán permitir unas prácticas correctas de **higiene alimentaria,** incluida la protección contra la contaminación entre y durante las operaciones. En particular:

- **Techos:** los techos (o, cuando no hubiera techos, la superficie interior del tejado), falsos techos y demás instalaciones suspendidas deberán estar construidos y trabajados de forma que impidan la acumulación de suciedad y reduzcan la condensación, la formación de moho no deseable y el desprendimiento de partículas.
- **Paredes:** las superficies de las paredes deberán conservarse en buen estado y ser fáciles de limpiar y, en caso necesario, de desinfectar, lo que requerirá el uso de materiales impermeables, no absorbentes, lavables y no tóxicos; su superficie deberá ser lisa hasta una altura adecuada para las operaciones que deban realizarse.
- **Suelos:** las superficies de los suelos deberán mantenerse en buen estado y ser fáciles de limpiar y, en caso necesario, de desinfectar, lo que requerirá el uso de materiales impermeables, no absorbentes, lavables y no tóxicos, a menos que los operadores de la empresa alimentaria puedan convencer a la autoridad competente de la idoneidad de otros materiales utilizados. En su caso, los suelos deberán permitir un desagüe suficiente.
- **Puertas:** las puertas deberán ser fáciles de limpiar y, en caso necesario, de desinfectar, lo que requerirá que sus superficies sean lisas y no absorbentes.
- **Superficies:** las superficies (incluidas las del equipo) de las zonas en que se manipulen los productos alimenticios, y en particular las que estén en contacto con estos, deberán mantenerse en buen estado, ser fáciles de limpiar y, en caso necesario, de desinfectar, lo que requerirá que estén construidas con materiales lisos, lavables, resistentes a la corrosión y no tóxicos.
- **Ventanas:** las ventanas y demás huecos practicables deberán estar construidos de forma que impidan la acumulación de suciedad, y los que puedan comunicar con el exterior deberán estar provistos, en caso necesario, de pantallas contra insectos que puedan desmontarse con

facilidad para la limpieza. Cuando debido a la apertura de las ventanas pudiera producirse contaminación, estas deberán permanecer cerradas con falleba durante la producción.

- **Equipos y utillaje:** todos los equipos y utillaje utilizados en el proceso productivo se deberán mantener en perfecto estado de limpieza y desinfección, usando los productos y métodos de limpieza necesarios para ello.

Se dispondrá, en caso necesario, de **instalaciones** adecuadas para la **limpieza, desinfección y almacenamiento del equipo y los utensilios de trabajo.** Dichas instalaciones deberán estar construidas con materiales resistentes a la corrosión, ser fáciles de limpiar y tener un suministro suficiente de agua caliente y fría.

Se tomarán las medidas adecuadas, cuando sea necesario, para **el lavado de los productos alimenticios.** Todos los fregaderos o instalaciones similares destinadas al lavado de los productos alimenticios deberán tener un suministro suficiente de agua potable caliente, fría o ambas, y deberán mantenerse limpios y, en caso necesario, desinfectados.

Para el cumplimiento de todos los requisitos que se han visto, se ha llevado a cabo un **Análisis de Peligros y Puntos de Control Críticos (Sistema APPCC).** El sistema supone un planteamiento, científico, racional y sistemático para la identificación, la valoración y el control de los peligros de tipo microbiológico, químico y físico, y para garantizar que los alimentos durante la producción, el procesado, la manipulación, la preparación y el uso, sean seguros en el momento de su consumo.

Así, se han elaborado unas guías de prácticas correctas y guías para la aplicación de los APPCC para asegurar el conocimiento por parte de los establecimientos de la **vigente normativa.**

PARA SABER MÁS

Accede al siguiente enlace para visualizar un informe en el que se detallan las normas de higiene aplicables a los establecimientos de hostelería:

Continúa en página siguiente >>

<< Viene de página anterior

https://redirectoronline.com/mf07110101

TAREA 1

Además de seguir una serie de normas de higiene por parte de los trabajadores u operadores de los establecimientos de hostelería, también se exigen ciertas premisas relacionadas con los locales e instalaciones.

Observa las características de este establecimiento:

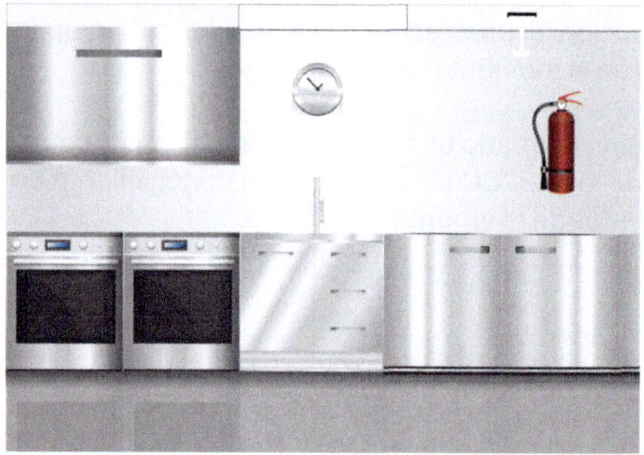

A partir de las mismas, identifica e interpreta las normas higiénico-sanitarias de obligado cumplimiento relacionadas con las instalaciones, el local y utillaje de hostelería, elaborando un informe conjunto sobre dichos datos.

3. Alteración y contaminación de los alimentos: conceptos, causas y factores contribuyentes

HILO CONDUCTOR

Para la elaboración de varios platos de la carta en el restaurante La Fuente, el jefe de partida se ha percatado de que algunos de los géneros necesarios para ello, como muslos de pollo y salmón fresco, han sufrido algún tipo de contaminación. Tras una investigación de las fases por las que han pasado los géneros, se llega a la conclusión de que se ha roto la cadena de frío de los mismos, es decir, una vez que se recibieron por parte del proveedor refrigerados, estuvieron casi 8 horas en la cocina fuera de las cámaras, hasta que un cocinero se dio cuenta y los metió en la cámara de refrigeración. Esto ha producido una contaminación en los productos.

Los alimentos son sustancias naturales que pueden asociarse, dando lugar a elaboraciones. El ser humano tiene la necesidad de un aporte de nutrientes y, al tomar estas sustancias, los está aportando a su organismo para realizar sus funciones vitales, además de reparar su cuerpo.

Estos alimentos, previamente, van a pasar por una serie de procesos (recepción, transformación, preparación, almacenamiento, transporte y consumo), en el transcurso de los cuales **pueden sufrir alteraciones** en mayor o menor medida. El paso del tiempo es otro factor a tener en cuenta, ya que el alimento se puede modificar, estropeándose, lo que nos puede causar enfermedades si llegamos a consumirlo.

La **alteración** en un alimento puede surgir por causas naturales físicas, químicas, biológicas o derivadas de un tratamiento inadecuado que lo deteriore. Este **deterioro** afecta a sus **cualidades organolépticas** (sabor, color, textura, olor, etc.) y a su valor nutritivo, dando lugar a que se transformen en alimentos no aptos para el consumo humano.

La **contaminación** se produce por la incorporación de un elemento que no forma parte del mismo a un alimento y que tiene capacidad de causar una enfermedad a quien lo consuma. Estos elementos pueden ser de tipo **biológico, químico y físico.**

Vistos los conceptos de contaminación y alteración, te proponemos la siguiente actividad.

ACTIVIDAD COMPLEMENTARIA

1. Reflexiona sobre los conceptos de contaminación y alteración de los alimentos. ¿Crees que es lo mismo un alimento contaminado que un alimento alterado? ¿Cuáles son sus diferencias? ¿En qué afecta cada uno a la salud de los consumidores?

Los alimentos se pueden contaminar de manera directa o indirecta:

- **Contaminación directa:** este tipo de contaminación se produce al entrar el elemento contaminante en contacto con el alimento. Por todo lo anterior, los manipuladores debemos seguir las pautas para que, durante todos los procesos, mantengamos las correctas medidas de higiene, y así evitar alteraciones que puedan ser producidas por una mala manipulación y, debido a ella, los alimentos manipulados puedan llegar a no ser aptos para el consumo.
- **Contaminación indirecta:** la contaminación indirecta se produce cuando un elemento contaminante pasa al alimento, a través de una superficie, de otro alimento, etc. Podemos distinguir los siguientes casos:
  - **Entre alimentos y superficies:** puede ser el caso de cortar verduras en una tabla donde previamente hemos racionado pescado o carne. En este caso, si no tenemos una tabla para cada tipo de género, debemos limpiarla y desinfectarla correctamente. Lo mismo puede ocurrir con utensilios (cuchillos, bandejas, sartenes, recipientes, etc.).
  - **Entre alimentos:** alimentos que no se almacenan bien en una cámara o timbre frigorífico, poniendo al mismo nivel alimentos cocinados y crudos, o situando estos últimos en niveles superiores en la estantería, lo que puede producir la caída de elementos o líquidos sobre alimentos cocinados previamente, dando lugar a su contaminación.

EJEMPLO

Casos de contaminación directa son, por ejemplo, un manipulador que realiza sus operaciones con una herida sin cubrir, un manipulador que estornuda o tose sobre el alimento, un manipulador de alimentos enfermo, un producto químico

Continúa en página siguiente >>

<< Viene de página anterior

como un plaguicida, cuando un insecto o roedor se sitúa sobre un alimento o cuando un cuerpo extraño se incorpora al alimento durante algún proceso.

Entre las **causas y factores** que contribuyen a la contaminación de los alimentos podemos destacar los siguientes:

- Inadecuado transporte de los alimentos, como por ejemplo, productos refrigerados o congelados que vienen en camiones sin temperatura adecuada.
- Los alimentos refrigerados o congelados deben almacenarse una vez recepcionados rápidamente en su cámara de conservación correspondiente. En caso contrario, facilitamos la contaminación del producto.
- Dejar los géneros directamente sobre el suelo.
- Introducir en las cámaras cajas de cartón, de madera o similar.
- No separar ni proteger en todo momento los alimentos cocinados de los crudos.
- Para que no entren en contacto elementos que hemos usado con alimentos crudos y cocinados, o entre elementos de distinto género, frutas y carnes, pescados y hortalizas, huevo y verduras, etc.
- No observar con atención las normas sobre manipulación de alimentos.
- Volver a congelar un alimento que ya se ha descongelado.
- Descongelar los alimentos a temperatura ambiente.
- No prestar atención a las elaboraciones que contienen huevos, mariscos, cremas, etc.
- Contacto de los alimentos con paños de cocina sucios.
- Recipientes y vajilla sucios.

4. Fuentes de contaminación de los alimentos: físicas, químicas y biológicas

Uno de los clientes que está cenando en el restaurante La Fuente se ha quejado de que se ha producido una contaminación física en el plato que está tomando.

Continúa en página siguiente >>

<< Viene de página anterior

Le explica al camarero que se ha encontrado un trozo de plástico entre la salsa de la carne, por lo que el camarero le retira el plato de forma inmediata y le sirve otro, comunicándolo en cocina para que extremen las precauciones y no vuelva a ocurrir algo parecido.

Has visto que los alimentos se pueden contaminar de manera directa o indirecta. Vamos a analizar ahora las **fuentes de contaminación** de los mismos.

Tipo de contaminación	Características
Contaminación física	Se produce al contener los alimentos restos de elementos o materiales que no forman parte del mismo. Estas sustancias pueden ser peligrosas, ya que pueden provocar daños o enfermedades al ser consumidas. En la cocina, esto es lo que se conoce como contaminación física de los alimentos. A continuación, detallamos algunos de los casos más frecuentes. - El manipulador está obligado a usar un gorro que le cubra completamente el pelo, causante de contaminación. - No debe usar pulseras, relojes, pendientes, anillos u objetos similares mientras está manipulando. - Tratará de no usar vidrio, cristal, porcelana o loza para cocinar en la medida de lo posible, ya que al romperse podrían mezclarse con alimentos, con el consiguiente riesgo que esto conlleva. - Al protegerse las manos o las heridas con tiritas, guantes de látex, etc., estas deben ser de colores llamativos, colores que no encontremos en los alimentos. De esta manera, si se mezclan con los mismos, son fácilmente visibles. - Prestar atención a los materiales de embalaje.
Contaminación química	Determinadas sustancias químicas pueden incorporarse a los alimentos, en algún momento de la cadena alimentaria, de forma accidental, contaminándolos. Entre las sustancias más comunes encontramos: - Metales pesados. Se acumulan en vegetales y animales, provienen de fuentes contaminantes como polígonos industriales, centros de reciclaje, etc. - Restos de plaguicidas. Usados por el agricultor para tratar sus cosechas, frente a determinadas plagas. - Aditivos. Deben usarse en cantidades permitidas, para evitar las alteraciones y alargar el periodo de conservación de los alimentos. - Productos de desinfección, limpieza, desratización o desinsectación. Se utilizan para prevenir plagas. Hay que extremar la precaución al usar estos productos. Se deben guardar en su envase original y mantenerlos lejos de alimentos y bebidas.

Continúa en página siguiente >>

<< Viene de página anterior

Tipo de contaminación	Características
Contaminación química	- Restos de medicamentos. Suelen aparecer en la leche, carnes, pescados, etc., al no respetar el tiempo establecido para su eliminación, antes de su sacrificio.
Contaminación biológica	Se considera contaminación biológica cuando un alimento ha sido contaminado por bacterias, gérmenes, hongos, parásitos y virus, que son capaces de provocar una enfermedad a la persona que lo consume. El medio más común de este tipo de contaminación es el hombre, que la produce cuando manipula el alimento y no ejecuta correctamente las normas de higiene. Esta contaminación se puede dar también entre alimentos, entre alimentos y utensilios, superficies o maquinarias. También se le llama así a la contaminación generada por moscas, insectos, y otros animales, etc. Y a la que se da a través del agua, por lo que se utilizará para todos los procesos y elaboraciones agua potable, sea tanto para el lavado de los alimentos como para su cocción.

5. Principales factores que contribuyen al crecimiento bacteriano

HILO CONDUCTOR

En la cocina del restaurante La Fuente se acaba de recibir un pedido de materia prima, entre las que se encuentran varias piezas de merluza. Para conseguir que las bacterias no se desarrollen de forma tan rápida, ya que en la cocina hay una temperatura de 26 ºC, se llevan a la cámara frigorífica, la cual oscilará entre 0 y 4 ºC.

Las bacterias son microorganismos unicelulares vivos que se encuentran en todo el medio. Las células, al igual que todos los organismos vivos, tienen diferentes etapas a lo largo de su vida y, por tanto, también de reproducción.

Las bacterias se reproducen mediante división mitótica, es decir, una célula se divide en dos, y cada una de ellas, de nuevo en dos, y así sucesivamente. Así, una bacteria es capaz de reproducirse muy rápidamente, y más gracias a una serie de factores que lo favorecen. Estos factores son:

- **Temperatura:** la temperatura es uno de los factores más importantes en el crecimiento de las bacterias. Generalmente, el intervalo de temperatura favorable oscila en un mínimo de 5-10 °C y un máximo de 60-65 °C, siendo este un intervalo de temperatura peligroso para los alimentos.
- **Humedad:** las bacterias en su gran mayoría, necesitan un medio acuoso donde desarrollarse. De ahí que las bacterias prefieran alimentos ricos en agua y no otros deshidratados o con poca agua, como podría ser el caso de la leche en polvo.
- **Oxígeno:** estos microorganismos necesitan respirar como cualquier otro ser vivo; pero hay excepciones. Dependiendo del tipo de bacteria, pueden ser aerobias, es decir, que necesitan la existencia de oxígeno; o pueden ser anaerobias, que, por el contrario, no necesitan oxígeno.
- **pH:** todos los alimentos tienen un grado de pH. El pH es la medida con la que se mide la acidez o alcalinidad de los alimentos. Esta medida se realiza usando una escala, que está comprendida del 1 al 14. El punto intermedio de esta escala es el 7, el cual se considera pH neutro. Los alimentos comprendidos entre el intervalo del 1 al 6,99 se consideran ácidos y los comprendidos entre el 7,1 el 14 son los alimentos alcalinos. Las bacterias muy rara vez son capaces de desarrollarse en medios ácidos, por lo que lo hacen en medios alcalinos. Pero su pH óptimo oscila en un intervalo de 7,2-7,6.
- **Tiempo:** como ya hemos visto, las bacterias tienen una reproducción por división mitótica. Cada célula se divide dos y así sucesivamente. Por esta razón, cuanto más transcurra el tiempo, más se desarrollarán estas bacterias.
- **Alimento:** las bacterias necesitan nutrirse para su desarrollo. Para ello, buscan alimentos con un gran contenido en proteínas e hidratos de carbono.

TAREA 2

Durante el proceso productivo en cualquier establecimiento de restauración pueden producirse infinidad de situaciones que pueden dar lugar a alteraciones o contaminaciones de los alimentos, y para poder prevenirlas y evitarlas es necesario conocer sus características y así actuar en consecuencia.

Continúa en página siguiente >>

<< Viene de página anterior

Realiza un mapa conceptual en el que describas las principales alteraciones sufridas por los alimentos, identificando los agentes causantes de las mismas, su origen, mecanismos de transmisión y multiplicación. Por último, reflexiona sobre cómo se podrían evitar dichas alteraciones.

6. Limpieza y desinfección

HILO CONDUCTOR

Juan trabaja en el *office* del restaurante La Fuente y la mayoría de las veces realiza el lavado de material procedente de sala de forma automática, es decir, con la ayuda de un lavavajillas. Para ello, en primer lugar retira todos los restos de comida de los platos y los introduce en la máquina a una temperatura de 85 °C, consiguiendo así una limpieza y desinfección de los elementos.

El mantenimiento, limpieza y desinfección de los locales, las instalaciones, los equipos y los recipientes son indispensables para facilitarnos el trabajo durante todo el proceso de manipulación de alimentos en nuestra jornada laboral y **asegurarnos de la salubridad** de los propios alimentos.

Toda empresa enfocada al sector de la hostelería y, por tanto, a la manipulación de los alimentos, está obligada a seguir un **Plan de Limpieza y Desinfección** (L+D). Este plan tiene como objeto asegurar la limpieza y desinfección total y correcta del local, instalaciones, equipos y recipientes.

NOTA

En el Plan de higiene y desinfección se definen los productos químicos que se van a utilizar, los pasos a seguir y el material que se va a usar para limpiar cada objeto o espacio, la frecuencia con la que se debe hacer y el personal responsable.

Pero además, la limpieza y desinfección se debe llevar a cabo en todo el entorno donde se manipulen alimentos; desde la ropa de un cocinero y los utillajes, hasta los equipos y superficies. Así, se hace necesario diferenciar ambos conceptos:

Limpieza	Desinfección
- Acción o conjunto de acciones que hace posible la eliminación de la suciedad producida por los restos de alimentos, grasa, polvo, etc.	- Conjunto de acciones, en las que se eliminan todas las bacterias presentes en nuestra área de trabajo.

La limpieza y desinfección se llevarán a cabo de manera que no supongan ninguna alteración ni en el trabajo ni en los alimentos, evitando la producción de polvo u otras sustancias.

La limpieza y desinfección del área de trabajo se puede realizar **con ayuda de maquinarias específicas** para ello, como puede ser un tren de lavado. Mediante este método se limpiará y desinfectará generalmente la cubertería, la vajilla, la cristalería, el utillaje de cocina, etc. Para la limpieza automática se deben seguir los siguientes **pasos:**

- **Eliminar los restos de comida** de todos los elementos que vamos a limpiar.
- **Lavar** con el agua a una temperatura de 60 °C a 65 °C **y desinfectar** a 85 °C.
- Tener cuidado de **no meter un exceso** de utillaje, cubertería, vajilla, etc., para que no se sobrecargue y pueda realizar sus funciones correctamente.
- **Ser repetitivos con la limpieza de la maquinaria y utensilios** que se usan para la limpieza y desinfección.

Otra opción es la **limpieza manual,** que se usará para suelos, planchas, ventanas, mesas, etc. Para este tipo de limpieza también existen una serie de **requisitos:**

- Lavar con agua **caliente.**
- Limpiar de restos de comida todos los recipientes.
- **Secar bien** después de su lavado y desinfección.

Además de estos, se realizará una limpieza más específica de otras zonas especiales que necesitan una limpieza con más cuidado, como podría ser una batidora.

Y, por último, se limpiarán las zonas y equipos anejos, como podría ser la de una cámara congeladora, por ejemplo.

IMPORTANTE

La limpieza y desinfección se debe realizar de manera diaria, manteniendo el área de trabajo limpia durante toda la jornada laboral.

7. Materiales en contacto con los alimentos

HILO CONDUCTOR

En el restaurante La Fuente se va a llevar a cabo una renovación de utensilios, útiles y herramientas en la cocina, ya que algunos no están en óptimas condiciones para su uso y otros están fabricados en materiales no recomendables. Así, se han retirado algunas tablas de corte que eran de madera y algunos recipientes de almacenaje que eran de cerámica. En su lugar se han adquirido algunos recipientes de almacenaje de vidrío y plástico y unas tablas de corte nuevas de polietileno.

Los alimentos están siempre en contacto con algún tipo de material, pero no cualquier material es apto para ello. De ahí que esté **prohibido el uso de algunos de los materiales,** como el cobre, por ejemplo.

Según el **Reglamento (CE) 1935/2004,** de 27 de octubre, y teniendo presentes las modificaciones del Reglamento 2019/1381 de 20 de junio y Reglamento 2022/1616, de 15 de septiembre, los **materiales permitidos** para su uso en cocina son:

1. **Vidrio:** es de los mejores conservadores de los alimentos, aunque presenta un **alto riesgo de contaminación física por posibles roturas,** que pueden mezclarse con los alimentos. Los vidrios permitidos en el sector son el vidrio de borosilicato y el vidrio cerámico. El **vidrio de borosilicato** contiene bórax entre sus ingredientes fundamentales, junto

con sílice y álcali. Destaca por su durabilidad y resistencia a los ataques químicos y a las altas temperaturas, por lo que se utiliza mucho en utensilios de cocina, aparatos de laboratorio y equipos para procesos químicos. El **vidrio cerámico** se usa principalmente para la fabricación de las vitrocerámicas.

2. **Cerámicas (loza, azulejos, etc.):** en la antigüedad, fue el material más usado para la conservación de los alimentos. Presenta grandes ventajas en cuanto a la adaptación de la temperatura del alimento que contenga. Además, están presentes en los pavimentos de la cocina.
3. **Acero inoxidable:** su **resistencia a la corrosión, sus propiedades higiénicas y sus propiedades estéticas** hacen del acero inoxidable un material muy atractivo para satisfacer diversos tipos de demandas. Es de los materiales más usados en cocina. Gran parte del utillaje, maquinarias, etc., está fabricada de estos materiales. Hay materiales con un uso idóneo para unos casos pero para otros no, como puede ser el caso de acero inoxidable, que se usa para las baterías pero no nos valdría para los cuchillos.
4. **Plásticos:** están hechos a base de sustancias químicas sintéticas denominadas polímeros, que son de estructura macromolecular y que pueden ser moldeados mediante calor o presión y cuyo componente principal es el carbono. En cocina cada vez se usa más el plástico, entre otras cosas, para las bolsas de vacío, que son muy buenas conservadoras.
5. **Celulosa de papel y cartón:** es un polisacárido compuesto exclusivamente de moléculas de glucosa. Es pues un homopolisacárido (compuesto por un solo tipo de monosacarido); es rígido, insoluble en agua. El cartón es un material formado por varias capas de papel superpuestas, a base de fibra virgen o de papel reciclado. Es más **grueso, duro y resistente** que el papel. Entre ellos, podemos destacar:

   a. Cartón *folding:* se fabrica con varias capas de pasta mecánica entre capas de pasta química. Se utiliza en envases de alimentos congelados y refrigerados, de dulces, etc.
   b. Cartón sólido no blanqueado, SUS: más resistente que el anterior, se utiliza para embalajes de bebidas (agrupaciones de botellas y latas).

6. **Corchos:** se obtienen a partir de la corteza del alcornoque. Uno de los usos más difundidos del corcho es como tapón para recipientes de vidrio, en especial, botellas de vino u otras bebidas espirituosas. En su origen, estos tapones se fabricaban solo con corcho natural. Hoy en día también se producen con otros materiales, principalmente plásticos, pero siguen denominándose muchas veces, de forma genérica, corchos.
7. **Cauchos:** es un hidrocarburo elástico. Está presente en maquinarias e instalaciones de las cocinas.
8. **Adhesivos:** es una sustancia que puede mantener unidos a dos o más cuerpos por contacto superficial. Es sinónimo de cola y pegamento. Son

muy usados por las empresas alimentarias para el envasado de los alimentos en los envases y embalajes (cerrado de cajas, sobres y bolsas, etiquetado de envases, botellas y latas, etc.).

9. **Siliconas:** es un polímero inodoro e incoloro hecho principalmente de silicio. La silicona es **inerte y estable a altas temperaturas.** Otra aplicación es la silicona para moldes como alternativa al látex en la fabricación de moldes, por sus propiedades **flexibles y antiadherentes.**
10. **Textiles:** es el término genérico aplicado originalmente a las telas tejidas, pero que hoy se utiliza también para fibras, filamentos, etc. En la cocina es preferible el **algodón.** Usado muy frecuentemente en forma de malla para carnes, embutidos, etc.
11. **Madera:** aunque su uso en cocina está muy divulgado, hay confusión en cuanto a si debería o no estar prohibido totalmente, por su **difícil limpieza y desinfección.** Así, hay utillajes que se siguen usando de este material, como en el caso de los rodillos pasteleros, pero para otros casos sí que está prohibido como es el caso de las tablas de corte.
12. **Cueros:** es el pellejo que cubre la carne de los animales después de curtido y preparado para su conservación y uso doméstico e industrial. Es muy usado en la fabricación de **botas de vino.**

Además de usar los materiales permitidos según el reglamento indicado, también es necesario tener en cuenta algunas **premisas a la hora de utilizarlos:**

- Usar **cada alimento con su recipiente adecuado** para evitar posibles contaminaciones, ya sean físicas, químicas, etc. Si usáramos un recipiente no apropiado podría ocurrir una reacción química entre ambos, llegando a la contaminación de los alimentos.
- En el momento de la apertura de una conserva en lata, si el producto no se consume al completo, deberemos **cambiar de recipiente** este alimento para poderlo conservar, ya que la lata es un material metálico que, al entrar en contacto con el oxígeno, se podría oxidar y pasar al alimento.

ACTIVIDAD COMPLEMENTARIA

2. Realiza un trabajo de investigación en el que localices los materiales utilizados para la fabricación de utensilios y herramientas de cocina y restaurante hace 50 años y analiza los cambios que se han producido hasta la actualidad en ese aspecto.

8. Calidad higiénico-sanitaria: conceptos y aplicaciones

HILO CONDUCTOR

En el restaurante La Fuente se intenta llevar a cabo una correcta manipulación de los alimentos y un mantenimiento exhaustivo de los equipos. Por ello, cuando reciben los géneros del proveedor comprueban en primer lugar que están en perfectas condiciones para a continuación almacenarlo en el lugar y a la temperatura correspondiente según sus características.

En relación a los equipos, mantienen en perfectas condiciones tanto las instalaciones como la maquinaria y herramientas, realizando una limpieza exhaustiva de cada uno de ellos con la frecuencia necesaria en cada caso.

Una mala higiene en el área de trabajo, manipulación de alimentos, etc., puede ocasionar una contaminación de los alimentos y esto desembocar en una enfermedad para los comensales o para los propios trabajadores.

Podemos definir la calidad higiénico-sanitaria como las **características que debe cumplir un producto alimentario para asegurar que su consumo no implica un riesgo de salud** para el consumidor. De ahí que la calidad higiénico-sanitaria englobe el correcto estado del medio, los alimentos y el manipulador.

Esta relación lleva consigo una serie de requisitos a cumplir:

- El **local, maquinaria y utillaje** debe estar en perfectas condiciones, tanto de estado como de limpieza y desinfección.
- Hacer una buena **manipulación de los alimentos** desde su recepción, elaboración y resultado final del mismo.
- Es muy importante el **buen trato de los alimentos,** evitando así todas las condiciones óptimas para que se dé el crecimiento de las bacterias y evitar así la contaminación de los alimentos.

Para un buen mantenimiento de las instalaciones, equipos, etc., se debe seguir correctamente el Plan L+D (limpieza y desinfección) y el control exhaustivo del mantenimiento técnico de las instalaciones.

9. Autocontrol: sistemas de Análisis de Peligros y Puntos de Control Crítico o APPCC

Debido a que el restaurante La Fuente debe seguir un sistema de autocontrol para garantizar la seguridad alimentaria, han implantado un sistema APPCC. Para ello, se parte de la descripción de las actividades que se desarrollan en el establecimiento para así detectar los posibles peligros en las fases por las que pasan los productos, estableciendo los puntos de control y medidas correctivas necesarias en cada caso y realizando una vigilancia de todo el proceso. Cada uno de estos aspectos debe estar debidamente documentado.

En las empresas alimentarias, en los últimos años, se ha implantado el Sistema de Autocontrol, que ha sido reconocido por las normas internacionales (Codex Alimentarius), así como por las de la Unión Europea (Reglamento 852/2004 relativo a la higiene de los productos alimenticios).

Este sistema nos **garantiza la seguridad e inocuidad de los alimentos** en cada fase de la cadena alimentaria. Para ello, nos basamos en la aplicación de la metodología **APPCC.**

Las siglas APPCC hacen referencia al Análisis de Peligros y Puntos de Control Críticos.

El Sistema de Autocontrol permitirá **identificar, evaluar y mantener bajo control los peligros** que puedan afectar a la inocuidad de los alimentos que se producen o comercializan. Además, deberá estar necesariamente actualizado y a disposición de los servicios de control sanitario oficial de alimentos, ya que son ellos los encargados de supervisar, comprobar y verificar su correcta implantación.

PARA SABER MÁS

Observa el siguiente vídeo, en el que se expone y desarrolla cada uno de los pasos a llevar a cabo en la implantación de un sistema APPCC.

https://redirectoronline.com/mf07110102

Como norma general, el **Sistema de autocontrol** deberá tener una serie de **características:**

Estar elaborado en equipo

- Es necesaria la participación y compromiso de todos los miembros de la empresa, que conozcan con detalle su funcionamiento y el proceso productivo.

Adaptarse de forma precisa y específica a la realidad de la empresa

- No debemos copiar de un Sistema de Autocontrol estándar, no reflejaría la situación de la actividad que se desempeña en la empresa en concreto.

Continúa en página siguiente >>

<< Viene de página anterior

Ser coherente
- Así podrán adoptarse medidas preventivas y mantener bajo control los peligros de los alimentos.

Ceñirse a la realidad
- Puesto que el sistema debe ser aplicado y ejecutado en la práctica.

Facilitar el registro de las operaciones y controles realizados en la empresa
- Debe presentarse de forma organizada este registro.

10. Guías de Prácticas Correctas de Higiene o GPCH. Aplicaciones

HILO CONDUCTOR

Las prácticas correctas de higiene no solo se siguen en las fases previas a la elaboración del producto, sino que se debe tener en cuenta también la fase final de elaboración, así como la fase de calentamiento y uso de productos ya cocinados. Cuando se produce este último caso en el restaurante La Fuente, los alimentos ya cocinados se mantienen en refrigeración y cuando se va a servir se regenera y se le aplica calor, hasta que el centro del producto alcance los 65 ºC en el menor tiempo posible.

Al crear estas guías, se ofrece a los profesionales de la hostelería la posibilidad de conocer la importancia de **crear cultura respecto a las buenas prácticas** en la higiene alimentaria.

En ellas se dan a conocer diferentes aspectos:

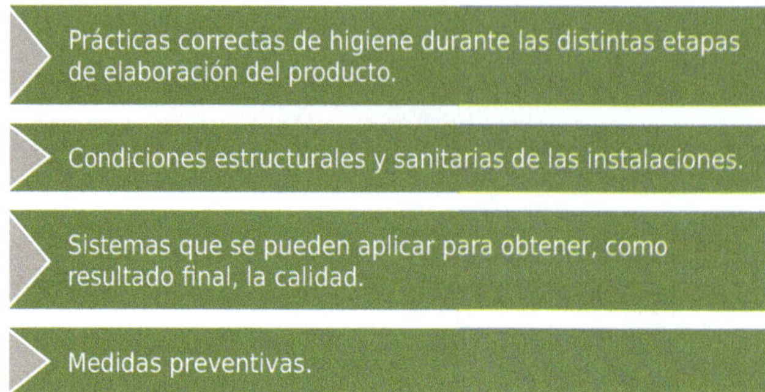

A continuación realizarás un repaso de las prácticas correctas en cada una de las fases del proceso productivo en un restaurante.

10.1. Fase de recepción de materias primas. Control de proveedores

El transporte y la recepción de las materias primas son las primeras operaciones que se llevan a cabo. Del estado de los alimentos que se recepcionan dependerá la salubridad y calidad del producto final.

Debemos exigir y vigilar que el **transporte de las materias primas** se realice siempre en las condiciones adecuadas. Se establece que, para los productos en **refrigeración,** estos no superen los 4 °C, y para los productos **congelados,** que estén por debajo de -18 °C. Por ello, es necesario que el transporte de estos alimentos se realice con medios específicos, que sean capaces de mantener esta temperatura durante el mismo.

NOTA

En el momento que aceptamos un envío de mercancía, nos hacemos responsables de estos productos, por lo que es muy importante inspeccionar la mercancía durante esta fase.

Si el transporte no se realiza en las condiciones adecuadas pueden verse afectadas las condiciones organolépticas de los mismos o, peor aún, se pueden contaminar. El **lugar apropiado para la recepción** de los productos será aquel que permita hacerlo evitando que entren en contacto productos crudos y cocinados, o estos con residuos.

Además, será necesario establecer y exigir unas premisas en cuanto a proveedores, recepción de productos y medidas de prevención.

Se ha de exigir una serie de requisitos a los proveedores para garantizar que los productos sean de la **máxima calidad:**

- Tener su **registro sanitario** para la venta de productos alimenticios.
- Los proveedores mayoristas deben tener implantado el **sistema APPCC,** lo que garantiza una elaboración de máxima seguridad en sus productos.
- Es **obligatoria la autorización para transportar productos perecederos** si suministran, carnes, pescados, frutas y verduras. Deben tener un programa de limpieza para sus transportes.

Durante la recepción, se controlará que las prácticas de descarga sean correctas desde una perspectiva sanitaria:

- **Evitar** que los alimentos entren en contacto directo con el **suelo.**
- Los productos **no deben arrastrarse.**
- **No romper la cadena de frío,** pasando los alimentos directamente a las cámaras.
- Se realizará un **control de las características organolépticas** (color, olor, textura, etc.) en mercancías perecederas, rechazando las que no cumplan unas características mínimas de calidad.

Se llevarán a cabo **medidas de prevención** tales como:

- Inspeccionar el medio de transporte, haciendo **especial hincapié en la limpieza.**
- **Supervisar la temperatura del termómetro,** que estará en el interior del vehículo.
- Comprobar y respetar las **fechas de caducidad o consumo preferente,** no aceptando aquellos envases con fecha cumplida o que no dispongan de fecha.
- **Comprobar y conservar toda la documentación** que demuestre el origen de las materias primas y de todos los productos adquiridos.

10.2. Fase de conservación y almacenamiento

En esta etapa de conservación o almacenamiento es preciso evitar alteraciones de las características organolépticas (de los alimentos) y cualquier tipo de contaminación química o microbiológica.

Cumpliendo con las premisas correctas y evitando malas prácticas de manipulación e higiene en la conservación de productos se conseguirá ofrecer un servicio de calidad y además seguro para el consumidor.

Cumplir	Evitar
- Condiciones de limpieza. - Control de temperaturas. - Ventilación y rotación de stocks que garanticen unas correctas condiciones de higiene. - Métodos de almacenamiento y conservación adecuados.	- Almacenar productos no alimenticios junto a estos, especialmente, sustancias peligrosas como detergentes, desinfectantes, etc. - El contacto de alimentos crudos y cocinados. - Que los productos caduquen. - Sobrepasar la capacidad de almacenamiento de las cámaras.

Es muy importante actuar en consecuencia según los tipos de productos que se tengan almacenados o conservados, pues no todos requieren de las mismas condiciones. Se diferencian dos grandes grupos:

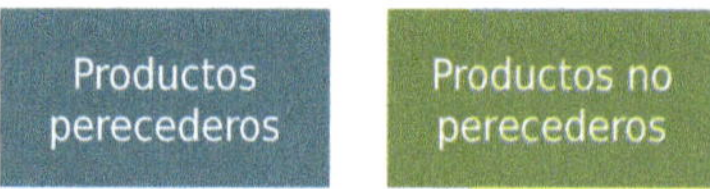

Productos perecederos

El almacenamiento de estos productos en las cámaras de refrigeración y congelación ha de realizarse atendiendo a los siguientes **criterios:**

- Hay que **separar** los distintos tipos de alimentos, como carnes, pescados, frutas y verduras, bien en diferentes cámaras, o en la misma cámara pero separados y aislados unos de otros.

- Si los alimentos crudos y los elaborados están en una misma cámara, los **crudos** deberán estar **abajo** y los **elaborados, arriba.**
- Las **cajas de cartón y de madera no** deben entrar en las cámaras.
- El almacenamiento de estos productos se realizará en **refrigeración o congelación.** Estas temperaturas ralentizan o detienen el crecimiento de la mayoría de las bacterias patógenas.
- **No introducir alimentos calientes** en las cámaras.
- Abrir las puertas de las cámaras el **mínimo tiempo posible.**
- Mantener el **interior limpio y seco.**
- **Controlar el hielo acumulado,** pues este dificulta el enfriamiento y perjudica el funcionamiento de la cámara.

CONSEJO

Es interesante la posibilidad de que los alimentos se cambien a cajas propiedad del establecimiento. De esta manera evitamos que cajas que puedan estar sucias o contaminadas entren en nuestras cámaras.

Productos no perecederos

Los productos no perecederos **no precisan de frío** para su almacenamiento. Por ejemplo, los frutos secos, cereales, legumbres, galletas, conservas enlatadas, etc.

Estos alimentos se almacenarán en condiciones adecuadas: en **lugar fresco, seco y bien ventilado. Periódicamente, comprobaremos** que **su estado** sea correcto.

10.3. Fase de preparación, elaboración y cocinado

Este proceso es muy importante, ya que muchos de los alimentos crudos que llegan a nuestras manos pueden estar contaminados con bacterias patógenas. Así pues, debemos:

- Evitar el contacto entre alimentos crudos y cocinados.

- Lavar y desinfectar todos los utensilios y maquinaria que se han utilizado con los alimentos crudos y que pasarán a ser usados para alimentos cocinados.
- Elaborar las materias primas inmediatamente después de sacarlas de las cámaras.
- En ningún caso cortar sobre la misma tabla distintos tipos de materias primas o productos elaborados. Hay que limpiarla y desinfectarla antes.

Pero además, se deberán tomar **medidas más específicas** según el tipo de alimento del que se trate.

Las **verduras y vegetales** crudos deben prepararse en una zona separada de otras zonas de preparación de carnes y pescados. Eliminaremos los restos de tierra que puedan traer bajo el chorro de agua.

Es necesario **desinfectar** las verduras, frutas y hortalizas introduciéndolas en agua y echando unas gotas de desinfectante alimentario en las dosis y tiempos indicados en la ficha técnica.

El **huevo** es uno de los alimentos considerados como de alto riesgo. Por ello le vamos a dedicar un especial cuidado, ya que es fácil que esté contaminado por bacterias patógenas, principalmente **Salmonella.**

Así, **se sustituirá el huevo fresco por ovoproductos pasteurizados** en todas aquellas elaboraciones en que, el huevo en fresco no vaya a someterse a un tratamiento térmico superior a 75 °C.

Cualquier alimento de consumo inmediato en el que figure el huevo u ovoproducto como ingrediente se conservará como máximo 24 horas desde que es elaborado y a una temperatura no superior a 8 °C.

Al cocinar los alimentos a altas temperaturas, en concreto, a **temperaturas superiores a 70 °C,** garantizamos la penetración del calor en el centro del mismo. De esta manera, **se destruyen los gérmenes.** Los métodos de cocción se llevan a cabo en:

10.4. Fase de recalentamiento y utilización de productos cocinados

Normalmente, los alimentos que se han preparado y cocinado, se consumen inmediatamente, pero en algunos establecimientos se suelen **mantener un tiempo antes de su utilización o consumo.**

En este último caso, se tiene que **garantizar** que:

- El tiempo entre su elaboración y consumo ha de ser el mínimo posible.
- No los mantendremos a temperatura ambiente. Deben mantenerse en el refrigerador o en el congelador.
- Cuando el alimento vaya a ser consumido, debe alcanzar 65 °C (centro del producto) y en el menor tiempo posible, para consumo inmediato.

PARA SABER MÁS

Accede al siguiente enlace en el que se presenta un *dossier* en el que se plasman las guías de prácticas correctas de higiene como herramientas de implantación de un sistema APPCC:

https://redirectoronline.com/mf07110103

11. Alimentación y salud: riesgos para la salud derivados de una incorrecta manipulación de alimentos

HILO CONDUCTOR

Una de las enfermedades alimentarias más comunes y de mayor riesgo es el anisakiasis, producida por el parásito anisakis. En los establecimientos de restauración se debe extremar la precaución con el uso de pescados, sobre todo si son servidos crudos. En el restaurante La Fuente siempre se procura cocinar el pescado por encima de los 70 °C durante al menos 1 minuto, y en el caso de servirlo crudo, se congela previamente a -20 °C durante al menos 24 horas.

Si efectuamos una **manipulación incorrecta,** podemos provocar que los microorganismos patógenos entren en contacto con los alimentos y, en algunos casos, que estos sobrevivan y se multipliquen en cantidad suficiente para causar enfermedades al consumidor.

Un manipulador puede contaminar los alimentos, de tal modo que **causen enfermedad de origen alimentario.** En este sentido, debemos tener en cuenta lo siguiente sobre los **microorganismos:**

¿Dónde se encuentran?
- Los microorganismos patógenos se encuentran en las heces, la orina o las supuraciones de la nariz, las orejas u otras zonas del cuerpo.

¿Cómo se transmiten?
- Los microorganismos pasan a las manos, otras zonas del cuerpo o la ropa, y después entran en contacto directo o indirecto con el alimento.

¿Cómo se extienden?
- Si las características del alimento y sus condiciones de almacenamiento no son las más adecuadas, permitirán a los microorganismos multiplicarse y producir una dosis infectiva o producir toxinas en cantidad suficiente.

Continúa en página siguiente >>

<< Viene de página anterior

¿Cómo llegan al consumidor?
- Si el alimento contaminado no sufre un tratamiento que llegue a destruir los microorganismos, llegarán al consumidor.

11.1. Conceptos y tipos de enfermedades transmitidas por alimentos. Responsabilidad de la empresa en la prevención de enfermedades de transmisión alimentaria

Las **enfermedades transmitidas por alimentos** son aquellas que se producen por la ingestión de alimentos infectados, en cantidad suficiente, para producir enfermedad en el consumidor.

Los alimentos pueden originar dolencias por patógenos que se encuentran en su interior. Los sistemas de producción y de cocinado de los alimentos han ido evolucionando durante los últimos años. La mayor parte de los nuevos procesos de producción mejoran la calidad de los alimentos, aunque algunos de ellos entrañan riesgos adicionales para la salud del consumidor.

Hay **enfermedades** que están directamente relacionadas con la falta de higiene y unas prácticas de manipulación incorrectas. Así, dependiendo del **agente causal de la enfermedad,** distinguiremos:

- **Infecciones alimentarias:** son las causadas por la ingestión de alimentos contaminados por **microorganismos patógenos vivos,** generalmente **bacterias.** Crecen y se desarrollan al tiempo que pueden alterar el alimento.
  Lo más común es que, **a simple vista, no se aprecia** si el alimento está contaminado o no, ya que raramente se producen cambios en el color, olor o sabor del alimento.
  La **gravedad de los síntomas** que se pueden manifestar depende de diversos **factores:**
  - Cantidad de células que contiene el alimento, y que lo están contaminando.
  - Susceptibilidad del individuo.
  - Tipo de microorganismo presente en el alimento.

- **Intoxicaciones alimentarias:** son las enfermedades provocadas por ingerir alimentos contaminados por **sustancias tóxicas o toxinas,** pudiendo provenir de distintas fuentes. Pueden ser:

  - Sustancias tóxicas producidas por algunos tipos de microorganismos, aunque estos gérmenes no sean patógenos para el ser humano.
  - Pueden tratarse de sustancias tóxicas que aparecen como componente natural del producto.

Por lo tanto, se considera una intoxicación propiamente dicha, en la que es posible reconocer la sustancia tóxica **responsable del cuadro clínico.**

- **Toxiinfecciones alimentarias:** son aquellas enfermedades producidas por la ingestión de alimentos contaminados, por **microorganismos nocivos,** capaces de segregar toxinas después de ser consumidos.
  Normalmente, cuando se habla de enfermedades de transmisión alimentaria se relaciona como microorganismos causantes de la misma a distintas bacterias, pero también es posible encontrar algunos **mohos y virus** capaces de provocar enfermedad. Los mohos pueden producir sustancias tóxicas denominadas **micotoxinas.** Los virus son responsables de provocar **vómitos, diarreas y otras enfermedades diversas.**
  En la mayoría de los casos, los síntomas son leves y acaban desapareciendo en pocas horas o en menos de dos días.

PARA SABER MÁS

Accede a los siguientes enlaces donde podrás ver varios vídeos realizado por Asonaman en el que se muestran los riesgos para la salud derivados por una incorrecta manipulación, así como los tipos de enfermedades transmitidas.

Continúa en página siguiente >>

<< Viene de página anterior

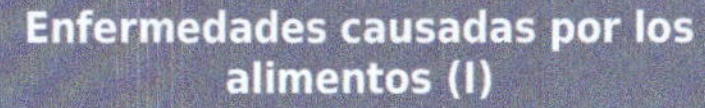

https://redirectoronline.com/mf07110104

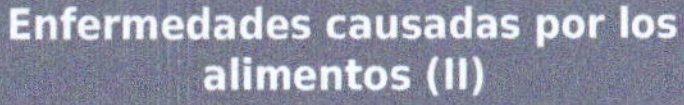

https://redirectoronline.com/mf07110105

Las principales **enfermedades de transmisión alimentaria** (transmitidas a través del manipulador) son:

Staphylococcus Aureus

Clostridium perfringens

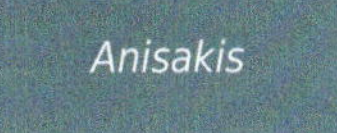

Salmonelosis

Se produce por la ingestión de alimentos contaminados por bacterias patógenas del género Salmonella. Es una de las más frecuentes, supone un muy elevado porcentaje de los casos registrados. El periodo de incubación se encuentra entre 6 y 72 horas. La duración de la enfermedad es variable, en los casos graves se puede prolongar varias semanas. Generalmente, se caracteriza por los siguientes síntomas: vómitos, náuseas, diarrea, dolor de cabeza, dolor abdominal y fiebre.

Este germen puede encontrarse:

- En el intestino de las personas y animales, siendo eliminado por las heces.
- En la superficie de los huevos.
- En las verduras regadas con aguas residuales.
- En la piel y las patas de ratas, ratones e insectos.

Las medidas preventivas para evitarla son:

- Buena higiene personal del manipulador.
- Limpiar y desinfectar de manera correcta las superficies, equipos y utillaje.
- Mantener en todo momento por separado los alimentos crudos y cocinados.
- Cocinar bien los alimentos es una de las mejores prevenciones.
- En los alimentos que se consumen en crudo, la conservación por frío es la mejor arma de prevención, ya que a esas temperaturas imposibilita la reproducción microbiana.

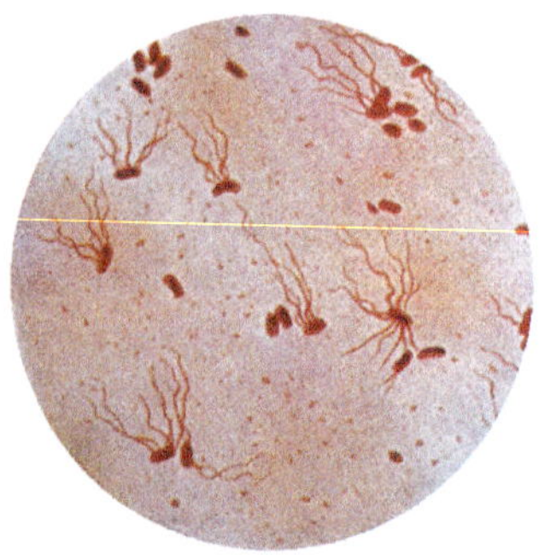

La salmonella, al igual que otros microorganismos no afecta a las características organolépticas del producto, siendo necesario el uso de instrumentos específicos para su detección.

Staphylococcus Aureus

El periodo de incubación se sitúa entre 2 y 6 horas, y la duración de la enfermedad es de 6 a 48 horas.

La bacteria se encuentran en:

- Las fosas nasales, garganta, oídos, piel, pelo, en heridas (cortes, etc.) y granos supurantes, formando parte de la flora normal de personas sanas.
- Animales domésticos.
- Alimentos ricos en proteínas y humedad, sobre todo si no se han conservado en refrigeración.

Las medidas preventivas para evitarla son:

- Mantener un nivel óptimo de higiene personal es muy importante, así como asegurar que todo el personal manipulador siga unas buenas prácticas de manipulación (evitar estornudar o toser sobre los alimentos, etc.). Los alimentos se contaminan simplemente con la respiración, especialmente cuando se padece algún catarro o constipado.
- Proteger correctamente las heridas y cortes.
- Refrigeración, ya que detiene el crecimiento y la generación de la toxina.
- Los alimentos deben someterse a tratamiento térmico adecuado. Los estafilococos se destruyen mediante el cocinado a 65 °C durante 10 minutos. Sin embargo, las toxinas son mucho más resistentes, requiriéndose una cocción a 100 °C durante 30 minutos.

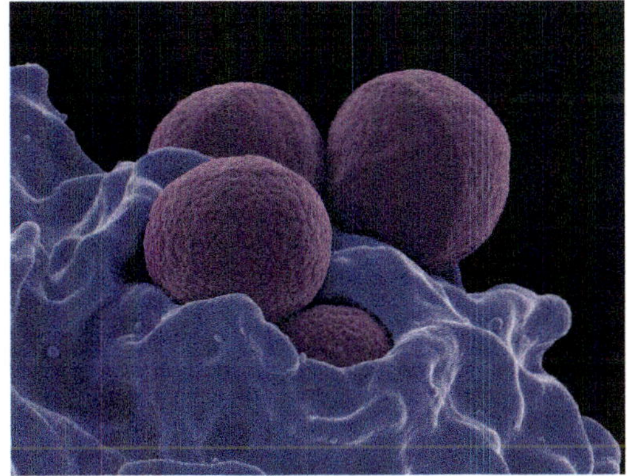

Recuerda la importancia de implantar unas pautas correctas de higiene.

Clostridium perfringens

Es la tercera causa de enfermedad de transmisión alimentaria bacteriana más frecuente después de la *Salmonella* y el *Staphylococcus aureus.* Da lugar a una toxiinfección alimentaria a través de la ingestión de alimentos contaminados por estas células. Las células segregan una toxina, verdadera causante de la enfermedad. Esta toxina no se genera en el propio alimento, sino en el intestino de la persona que lo ingirió. De esta enfermedad, debemos conocer lo siguiente:

- El periodo de incubación oscila entre 8 y 22 horas.
- La enfermedad tiene una duración de 12 a 48 horas.
- Entre sus síntomas encontramos, diarrea y dolor abdominal.

Las bacterias se encuentran en:

- Intestino de las personas y de los animales.
- En forma de esporas, que pueden soportar el calor y la deshidratación y sobrevivir mucho tiempo en el suelo, polvo y productos vegetales con restos de tierra.
- Carnes poco hechas, mal refrigeradas, alimentos cocinados que se han mantenido a temperatura ambiente e incluso alimentos que se han recalentado.

Las medidas preventivas para evitarla son:

- Una vez más, hay que destacar las buenas prácticas de manipulación.
- Reiterar el cocinado adecuado, así como tratar adecuadamente todos los alimentos, con refrigeración rápida de los alimentos tras su cocinado.
- El lavado de frutas debe realizarse minuciosamente.
- Tratamiento térmico adecuado. La bacteria se destruye a temperaturas superiores a los 80 °C. Sin embargo, sus esporas requieren temperaturas de 100 °C para su destrucción.

El uso de productos higienizantes autorizados para el lavado de frutas y verduras es muy importante en aquellos casos en los que el producto no va a recibir un tratamiento térmico que asegure la eliminación de este microorganismo.

Shigella

Su periodo de incubación es de 12 a 72 horas. La duración de la enfermedad es de 1 semana. Los síntomas que se desarrollan son:

- Diarrea leve o severa, a menudo con fiebre y muestras de sangre en las excreciones.
- Algunas personas infectadas no muestran ningún síntoma.

Las bacterias se encuentran en:

- Intestino humano de personas portadoras que están padeciendo la enfermedad o personas sanas que ya la han padecido, siempre que manipulen los alimentos sin observar las normas higiénicas.

- Alimentos de alto riesgo, que son aquellos con un contenido en humedad alto y unas buenas características nutritivas, tanto si están crudos como cocinados.

Las medidas preventivas para evitarla son:

- Higiene personal. Lavarse las manos cuidadosamente después de ir al baño.
- Conservar los alimentos en frío.

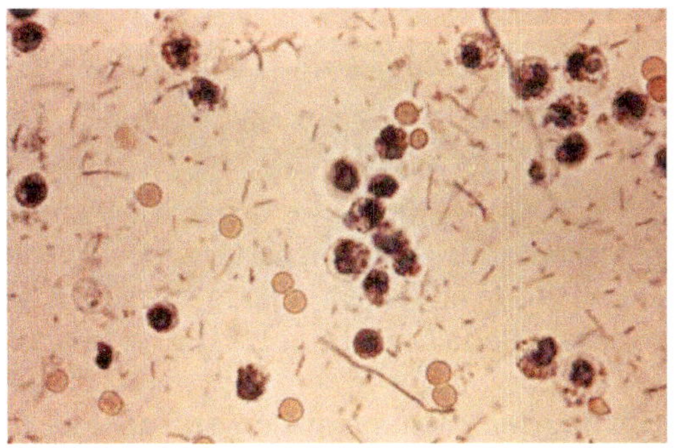

La principal vía de contaminación de este microorganismo es la contaminación fecal-oral.

Anisakis

El *anisakis,* a diferencia de los anteriores patógenos, no es una bacteria, sino un parásito. Tiene un color blanquecino semitransparente y pequeño tamaño (aproximadamente, 3 cm de longitud y 1 mm de diámetro) haciendo que pase inadvertido, y pueda ingerirse sin percatarse. Sus síntomas pueden provocar úlceras y gastroenteritis. En casos muy graves, puede bloquear el paso por el tubo digestivo, haciendo necesaria la intervención quirúrgica.

Sus larvas se encuentran ampliamente difundidas en extensión e intensidad en numerosos peces marinos, como la caballa, merluza o bacalao, encontrándose en el cuerpo del pez enrollada.

Las medidas preventivas para evitarla son:

- Cocinar el pescado por encima de los 70 °C durante al menos 1 minuto.
- Congelar el alimento a -20 °C durante al menos 24 horas.

Las temperaturas indicadas (tanto positivas como negativas) deberán llegar al centro del producto.

Para evitar la contaminación de los alimentos y con ello la posibilidad de transmitir enfermedades alimentarias, las empresas de restauración deben cumplir siempre con la normativa vigente en materia de higiene y seguridad alimentaria, desarrollada a nivel europeo por el Reglamento (CE) 852/2004.

Pero también hay que prestar atención a la manipulación de los alimentos, cuyos principios se verán en el apartado siguiente, ya que es **responsabilidad de la empresa que los trabajadores tengan formación** en este ámbito y que esté orientado a su puesto de trabajo en concreto.

Toda empresa alimentaria debe llevar a cabo **planes de higiene** para garantizar las buenas prácticas durante todo el proceso productivo, debiendo cumplir una serie de **obligaciones:**

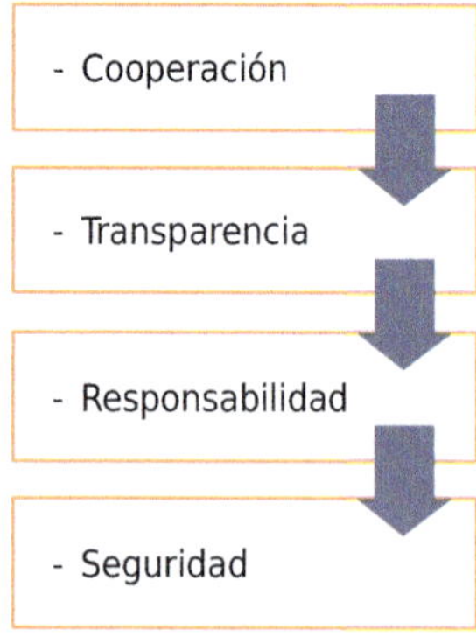

ACTIVIDAD 1

Completa el cuadro que se muestra a continuación con los siguientes conceptos:

- Proteger correctamente de las heridas y cortes.
- De 12 a 48 horas.
- Entre 2 y 6 horas.
- El lavado de fruta debe realizarse minuciosamente.
- De 6 a 48 horas.
- Entre 6 y 72 horas.
- Incluso varias semanas.
- Cocinar bien los alimentos es una de las mejores prevenciones.
- Entre 8 y 22 horas.

Toxiinfecciones alimentarias	Periodo de incubación	Duración enfermedad	Medidas preventivas
Salmonelosis			
Staphylococcus Aureus			
Clostridium perfringens			

TAREA 3

Trabajas en la cocina de un restaurante como jefe de cocina. En una fecha determinada se ha celebrado un evento y han comido todos los comensales el mismo menú. Al día siguiente, te informan de que se ha producido un brote de Salmonelosis y el 75 % de los comensales lo padece.

¿Qué riesgos han existido para que se haya originado esta situación? ¿Qué otras toxiinfecciones de origen alimentario podrían haberse producido?

Continúa en página siguiente >>

<< *Viene de página anterior*

Clasifica y explica los riesgos y principales toxiinfecciones de origen alimentario y sus consecuencias para la salud y relaciónalas con las alteraciones y agentes causantes.

12. Personal manipulador: requisitos de los manipuladores de alimentos. Reglamento. Vestimenta y equipo de trabajo autorizados. Gestos. Heridas y su protección

HILO CONDUCTOR

Todo el personal del restaurante La Fuente recibe formación específica en manipulación de alimentos, así como una serie de pautas de aseo y comportamiento durante el trabajo. Deben llevar el uniforme exclusivamente en el trabajo y deberá estar en perfectas condiciones de limpieza, además, se lavarán las manos con agua caliente y jabón tantas veces como sean necesarias y no llevarán puestos anillos, pulseras o cualquier tipo de efecto personal que pueda provocar contaminación. Otro de los aspectos importantes es que no deberán comer o masticar chicle durante la manipulación de los alimentos.

Los manipuladores de alimentos son aquellas personas que **tienen contacto directo con los alimentos** durante alguna de las etapas por las que estos pasan: preparación, fabricación, transformación, elaboración, envasado, almacenamiento, transporte, distribución, manipulación, venta, suministro y servicio de productos alimenticios al consumidor.

El **Reglamento (CE) 852/2004** establece que los manipuladores de alimentos deben cumplir una serie de requisitos a la hora de desarrollar su trabajo en empresa alimentarias. Los requisitos que deben cumplir son los siguientes:

- Dependiendo de la actividad laboral de cada establecimiento, los manipuladores recibirán formación en higiene alimentaria. Para ello, la empresa incluirá un programa de formación. El plan de formación consistirá en:

- Un programa de formación continua.
- Un documento de prácticas correctas de manipulación.

- El manipulador debe conocer y cumplir las instrucciones de trabajo que establece cada empresa, con el objetivo de garantizar la seguridad y salubridad de los alimentos.
- Mantener el aseo personal, vestimenta limpia y de uso exclusivo para el trabajo. Utilizar, cuando proceda, ropa protectora, cubrecabezas y calzado adecuado.
- Lavarse las manos con agua caliente y jabón o detergente adecuado tantas veces como sea necesario y antes de incorporarse a su puesto de trabajo, o al venir del aseo.
- Está prohibido llevar puestos efectos personales, como anillos, pulseras, relojes y otros objetos. Estos pueden actuar como transmisores de partículas y suciedad con su correspondiente carga de microorganismos.
- Mientras estén trabajando, los manipuladores no podrán fumar, masticar chicle, comer en el puesto de trabajo, estornudar o toser sobre los alimentos y efectuar cualquier acción que pueda ser causa de contaminación de los alimentos.
- Los cortes o heridas se cubrirán con vendajes impermeables.

12.1. Salud e higiene personal: factores, medidas, materias y aplicaciones

En el cuerpo humano viven muchos microorganismos que pueden causar enfermedades si pasan al alimento. Ya has visto que se localizan en la boca, la nariz, las manos, el pelo y los intestinos. Son los lugares que habitualmente utilizan los microorganismos, especialmente las bacterias, para su supervivencia.

Los principales **puntos a tener en cuenta** para la salud e higiene personal se muestran a continuación.

Gorro

Los manipuladores deben mantener el cabello limpio, lavándolo con regularidad, y recogido en un gorro o redecilla adecuada mientras se encuentra en el puesto de trabajo.

Los hombres deben cubrirse la barba con una mascarilla.

Nariz / Boca

Se han visto como muchas de las bacterias responsables de producir enfermedades de transmisión alimentaria viven en nuestro organismo de forma habitual.

La boca y nariz son los medios de salida al exterior de dichos gérmenes. Cualquier contacto de las manos con la boca o nariz, estornudos, toses, etc., puede originar contaminaciones en los alimentos y, por tanto, transmisión de enfermedades.

Hay que evitar sonarse la nariz, toser o estornudar encima del alimento y se utilizará siempre un pañuelo para cubrirnos, a poder ser de un solo uso. Queda prohibido mascar chicle, caramelos, limpiar las gafas echando el aliento, etc.

Está totalmente prohibido fumar en los recintos donde se manipulan alimentos.

Chaqueta

Para el desempeño de su trabajo, los manipuladores, usarán ropa de trabajo limpia y exclusiva.

La indumentaria personal y demás pertenencias deben mantenerse alejadas de las áreas de manipulación y almacenamiento de alimentos.

El vestuario debe mantenerse limpio, debe lavarse con frecuencia, a ser posible a diario. Lo mismo ocurre con los zapatos.

Son muy importantes también prendas como delantales o batas, a través de ellas se pueden contaminar también los alimentos.

La indumentaria de trabajo debe ser preferentemente de colores claros (a ser posible blanco) ya que es más fácil ver la suciedad, y realizar la limpieza. El uniforme debe ser cómodo y amplio.

Heridas

En el normal desarrollo de la actividad, el manipulador en algunos casos sufre heridas. Si fuera así, deberá observar las siguientes pautas.

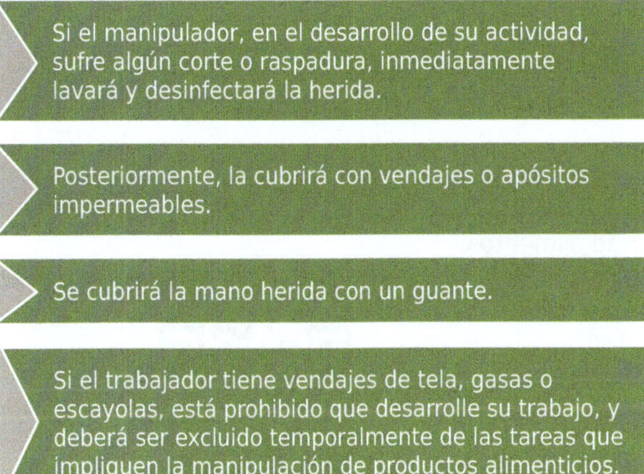

Manos

El principal instrumento de un manipulador son las manos. Por ello, se hace hincapié, han de ser lavadas a fondo y con frecuencia. Las manos sucias son la principal fuente de contaminación durante la manipulación de alimentos.

Así, se lavarán las manos:

- Al entrar en un área de preparación de alimentos.
- Antes de utilizar un equipo o manipular cualquier alimento.
- Después de usar el baño.
- Al salir del trabajo y retornar, por cualquier motivo.
- Después de fumar, comer o sonarse la nariz.
- Al cambiar de actividad en el área de trabajo. Por ejemplo, si se están elaborando ensaladas y pasamos a limpiar pescado.
- Después de manipular alimentos desechados, desperdicios y basuras.
- Antes de manipular alimentos que no vayan a sufrir un tratamiento de calor.
- Entre la manipulación de alimentos crudos y cocinados.

Se considera un adecuado lavado de las manos a limpiar la parte posterior y la palma de la mano, el antebrazo y los espacios entre los dedos y debajo de las uñas utilizando agua caliente, jabón y cepillo de uñas.

Hay que tener en cuenta que los perfumes, las lociones de manos, la pintura de uñas y cremas de afeitar pueden pasar a los alimentos y presentar una contaminación física y química.

Accede al siguiente vídeo realizado por la asociación de manipuladores de alimentos ASONAMAN, en el que se presentan las reglas higiénicas del manipulador de alimentos.

https://redirectoronline.com/mf07110106

12.2. Asunción de actitudes y hábitos del manipulador de alimentos e importancia de las buenas prácticas en la manipulación

Podemos afirmar con seguridad que el personal **manipulador** es el que mayor incidencia tiene en la cadena alimentaria a la hora de transmitir riesgos, y también es **una de las principales fuentes de contaminación** de los alimentos.

La solución se basa en que los manipuladores adquieran hábitos higiénicos, reciban una formación práctica y específica, se comprometan y responsabilicen de su salud y de la incidencia de esta en su trabajo.

Los manipuladores son los responsables de la mayoría de las contaminaciones que se producen a través de los alimentos.

Los consumidores son cada vez más exigentes con lo que comen, pero es fundamental que los alimentos sean sanos. Por otra parte, desde el punto de vista de un establecimiento, el más rentable es aquel que ofrece mayor seguridad alimentaria.

PARA SABER MÁS

Accede al siguiente enlace para visualizar un vídeo en el que se explican y aplican las normas de higiene y actuación de los manipuladores de alimentos.

https://redirectoronline.com/mf07110107

Los **controles en las industrias y las condiciones higiénicas** son cada vez mejores. Es interesante contratar los servicios de una empresa externa que realice controles periódicos. Sin embargo, las intoxicaciones se producen cada vez en mayor número, por lo que es de vital importancia extremar las condiciones de higiene en la elaboración de alimentos.

Las razones de tantos casos de **intoxicaciones,** a pesar de que las condiciones higiénicas y el control a lo largo de la cadena entre productor y consumidor son ahora mayores que nunca, son múltiples y variadas. Las intoxicaciones pueden evitarse, y las causas que provocan la mayoría de ellas continúan siendo **errores en la conservación, manipulación y preparación de los alimentos.**

APLICACIÓN PRÁCTICA

Imagina que trabajas en la cocina de un restaurante como jefe de cocina. En una fecha determinada se ha celebrado un evento y han comido todos los comensales el mismo menú. Al día siguiente, le informan de que se

Continúa en página siguiente >>

<< Viene de página anterior

ha producido un brote de Salmonelosis y el 75 % de los comensales lo padece. ¿Qué harías ante esta situación?

Solución

Llamar rápidamente a un laboratorio privado para que realice un análisis de cada uno de los alimentos servidos y de las superficies, además del análisis a los respectivos manipuladores para determinar el foco de infección.

Si se trata de una materia en mal estado anterior a su fecha de caducidad, reclamar al proveedor. Si es por una mala higiene y limpieza, eliminar el foco.

Tras la derogación del Real Decreto 202/2000 de 11 de febrero, se han introducido cambios en la formación de los manipuladores de alimentos en las empresas alimentarias (deja de existir el antiguo carnet de manipulador, los centros no necesitan homologación, etc.).

Accede al siguiente enlace para saber en qué consisten exactamente los cambios que se han producido tras la derogación del Real Decreto 202/2000 de 11 de febrero.

https://redirectoronline.com/mf07110108

ACTIVIDAD 2

Cada uno de los trabajadores de una empresa de restauración debe ser consciente de la responsabilidad que tienen durante la manipulación y servicio de los productos alimentarios, ya que cualquier irregularidad podría desembocar en contaminaciones o alteraciones en los mismos.

Por ello, identifica y aplica las medidas de higiene personal que deberá seguir María en su puesto de trabajo y reconoce los comportamientos o actitudes susceptibles de producir una contaminación en cualquier tipo de alimento.

1. ¿Cómo deberá llevar el pelo el manipulador de alimentos?

    a. Recogido con coleta.
    b. Recogido con gorro de cocina.
    c. Pelo suelto.

2. ¿Cómo debe ser la ropa de trabajo?

    a. Pantalón amplio y chaqueta limpia.
    b. Pantalón y chaqueta ajustados.
    c. Pantalón corto y chaqueta limpia.
    d. Pantalón amplio y chaqueta sucia.

3. ¿Cómo deberán llevar las manos los manipuladores de alimentos?

    a. Manos con uñas pintadas.
    b. Manos con varios anillos.
    c. Manos con uñas pintadas y anillos.
    d. Manos sin uñas pintadas y sin anillos.

4. ¿Qué es lo primero que debe hacer María al entrar en la cocina?

    a. Preparar la *mise en place* con los materiales que necesitará.
    b. Comenzar a elaborar los platos solicitados.
    c. Lavarse las manos.

5. Durante la preparación de un plato María tiene unas ganas irremediables de estornudar debido a la manipulación de pimienta. ¿Cómo deberá proceder?

    a. Tapándose la boca y nariz con un pañuelo, a ser posible de un solo uso, retirándose de los alimentos y lavándose las manos posteriormente.

Continúa en página siguiente >>

<< Viene de página anterior

b. Estornudando en cualquier lugar, utilizando si fuera necesario un paño de cocina.
c. Tapándose la boca y nariz con un pañuelo, a ser posible de un solo uso, retirándose de los alimentos y continuando a continuación con la tarea.

6. En el proceso de corte de unas zanahorias se le ha desviado el cuchillo y ha sufrido un corte en un dedo. La forma más correcta de actuar será:

   a. Cubrirla con un apósito impermeable y cubrir la mano con un guante.
   b. Lavar la herida inmediatamente y desinfectarla. Cubrirla con un apósito impermeable.
   c. Lavar la herida y desinfectarla. Después, cubrirla con apósito impermeable y cubrir la mano con un guante.

TAREA 4

Tan importante es la higiene personal de los trabajadores en un restaurante como los gestos o hábitos que realicen asiduamente. Llevas observando varios días a uno de los camareros que trabaja en el restaurante y te has percatado de lo siguiente:

- Llega a su puesto de trabajo ya con el uniforme puesto y además, con varias manchas en la camisa.
- Durante la jornada laboral se ha sonado varias veces la nariz con un pañuelo pero no se ha lavado las manos posteriormente.
- También ha estado manipulando residuos y tampoco se ha lavado las manos posteriormente.

Estima las consecuencias para la salubridad de los productos y seguridad de los consumidores que pueden provocar la falta de higiene en los procesos y en el servicio y los hábitos de trabajo de dicho camarero.

13. Resumen

La **alteración** en un alimento es aquel proceso por el cual este ha sufrido un **deterioro en sus cualidades organolépticas y valor nutritivo,** lo que lo hace no apto para el consumo humano, ya sea producido por causas naturales físicas, químicas, biológicas o derivadas del tratamiento inadecuado.

La **contaminación** es la **modificación que sufren los alimentos por la presencia de gérmenes o elementos extraños** como metales o productos tóxicos, que suponen un riesgo para la salud del consumidor. Existen diferentes tipos de contaminación:

Existen una serie de **factores que favorecen el crecimiento de las bacterias,** por las cuales se deberá prestar mucha atención durante todas las fases del proceso productivo.

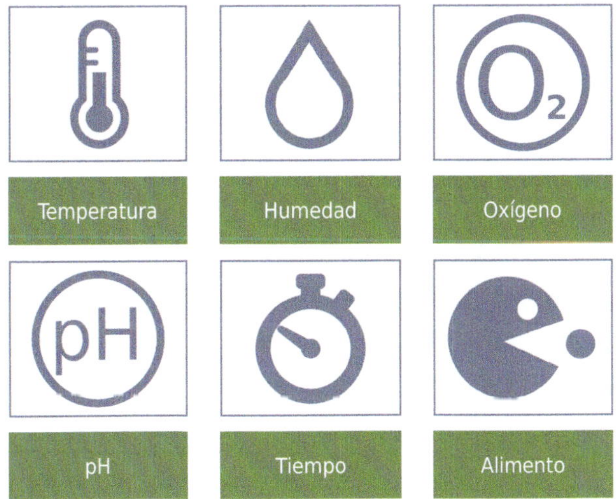

La **limpieza y desinfección** se debe realizar de manera diaria manteniendo el área de trabajo limpia durante toda la jornada laboral. Por ello, hay que saber distinguir entre estos dos conceptos:

Limpieza	Desinfección
- Acciones que hacen posible la eliminación de la suciedad producida por los restos de alimentos, grasa, polvo, etc.	- Acciones por las que se eliminan todas las bacterias presentes en el área de trabajo.

El **Sistema de Autocontrol** permitirá identificar, evaluar y mantener bajo control los peligros que pueden afectar a la inocuidad de los alimentos que produce o comercializa. Así como las **Guías de prácticas correctas de higiene** o GPCH, que tienen como objetivo conocer cuáles son las prácticas correctas de higiene durante las distintas etapas de elaboración del producto, las condiciones estructurales y sanitarias de las instalaciones, y por último, las medidas preventivas y los sistemas que se pueden aplicar para obtener como resultado final, la calidad.

El **manipulador de alimentos** es aquella persona que tiene contacto directo con los alimentos durante alguna de las etapas por las que estos pasan: preparación, fabricación, transformación, elaboración, envasado, almacenamiento, transporte, distribución, manipulación, venta, suministro y servicio de productos alimenticios al consumidor. Este deberá cumplir una serie de requisitos en cuanto a salud e higiene personal teniendo unas correctas prácticas de higiene personal.

Ejercicios de autoevaluación Unidad de Aprendizaje 1

1. **¿Cuáles son los factores que influyen en el crecimiento bacteriano?**

 ____

 ____

2. **¿Cuál es el intervalo de temperatura en el cual se favorece el desarrollo de las bacterias?**

 a. De 5 -10 °C como mínimo a 60-65 °C como máximo.
 b. De 15 -20 °C como mínimo a 80-85 °C como máximo.
 c. De 15 -20 °C como mínimo a 60-65 °C como máximo.
 d. De 5 -10 °C como mínimo a 80-85 °C como máximo.

3. **Completa las siguientes frases:**

 a. La ____________________ podemos definirla como la acción o conjunto de acciones que hace posible la eliminación de la suciedad producida por los restos de alimentos, grasas, polvo, etc.
 b. ____________________ es el conjunto de acciones en las cuales se eliminan todas las bacterias presentes en el área de trabajo.

4. **¿Qué elementos desinfectamos?**

 a. Ropa de cocinero, utillajes, equipos y superficies, es decir, todo el entorno que esté en contacto con los alimentos.
 b. Utillajes, equipos y superficies.
 c. Equipos y superficies.
 d. Solo utillajes de cocina.

5. **El uso de los utillajes de cocina de madera, ¿están totalmente prohibidos?**

 a. No.
 b. Sí.

6. En la Calidad Higiénico-Sanitaria se relaciona...

a. ... el estado del manipulador, medio y alimentos.
b. ... el estado solo del medio en el que se realiza el trabajo.
c. ... el estado del medio y el de los alimentos.
d. ... el estado solo de salud del manipulador.

7. Completa las siguientes frases:

a. El sistema de autocontrol nos garantiza ________________ ________________ de los alimentos en cada fase de la cadena alimentaria. Para ello, nos basamos en la aplicación ______________________________.
b. El Sistema de Autocontrol deberá estar necesariamente ______________________ y a disposición de los Servicios de Control Sanitario Oficial de alimentos, ya que son ellos los encargados de ______________________________ ______________________________.
c. Como norma general, el Sistema de Autocontrol debe estar elaborado en equipo. Es necesaria la participación y compromiso de ______________________________ que conozcan con detalle su funcionamiento y el ____________ ________________.

8. ¿A qué productos le aplicaremos unas gotas de desinfectante alimentario?

a. A las frutas.
b. A las verduras y hortalizas.
c. A los huevos, pues son un alimento de alto riesgo.
d. A las legumbres.

9. ¿Cuál de las siguientes enfermedades de transmisión alimentaria es la más frecuente?

a. Salmonelosis.
b. *Shigella.*
c. *Staphylococcus Aureus.*
d. *Clostridium Perfringes.*

10. Enumera los casos en los que es necesario lavarse las manos.

Unidad de aprendizaje 2

Limpieza de instalaciones y equipos de hostelería

Contenido

Objetivos

El objetivo específico de esta Unidad de Aprendizaje es:

→ Reconocer y aplicar las normas y medidas vigentes y necesarias para asegurar la calidad higiénico-sanitaria de la actividad de hostelería.

1. Introducción

Una medida preventiva fundamental para evitar peligros y conseguir alimentos conforme a las normas de seguridad y salubridad es una correcta **limpieza y desinfección** de los utillajes, recipientes, equipos e instalaciones que están en contacto con los alimentos, así como la de los locales.

Todas las empresas alimentarias han de asegurar estas operaciones que intervienen en el proceso productivo. El **Plan L+D** (Limpieza + Desinfección) debe determinarse en función de la necesidad higiénica de cada empresa teniendo en cuenta de forma general que deben limpiarse y desinfectarse todas las instalaciones que entren en contacto con los alimentos. Para asegurar la efectividad de este plan se designará a **un responsable.**

Seguiremos basándonos en los casos del restaurante La Fuente, en los que se aplican diferentes métodos de limpieza y desinfección utilizando diferentes tipos de detergentes y desinfectantes.

2. Concepto y niveles de limpieza

 **HILO CONDUCTOR**

Juan, el responsable del *office* en el restaurante La Fuente, realiza todas las operaciones de limpieza de equipos, utensilios y herramientas que se usan en la cocina. Para su total limpieza realiza un prelavado de los mismos, eliminando así la grasa o restos de alimento que puedan quedar adheridos. A continuación elimina toda la suciedad visible con la ayuda de los productos adecuados y realiza un enjuague para eliminar los restos de dichos productos y suciedad. A continuación, procede a la desinfección, donde utiliza un desinfectante y agua caliente para posteriormente realizar un enjuague final.

La **limpieza** hace referencia al conjunto de operaciones que conlleva la **eliminación de la suciedad visible y macroscópica** (restos orgánicos e inorgánicos, manchas, etc.) de las instalaciones, equipos, utillajes de cocina y, en general, de todo el local de trabajo, mediante métodos físicos (sin uso de detergentes) y químicos (con uso de detergentes).

En cambio, la **desinfección** es la operación que conlleva a la **destrucción de los microorganismos patógenos** y no patógenos o que su número se mantenga por debajo de los niveles inocuos. Esta operación se lleva a cabo por medio de agentes químicos o por el calor.

DEFINICIÓN

Microorganismos patógenos
Estos microorganismos son capaces de penetrar y multiplicarse en otros seres vivos, a los que perjudican, originando una infección.

Microorganismos no patógenos
La inmensa mayoría de los microbios no son en absoluto perjudiciales y bastantes juegan un papel clave en la biosfera al proporcionar oxígeno, y, otros, descomponer la materia orgánica, mineralizarla y hacerla de nuevo accesible a los productores, cerrando el ciclo de la materia.

La limpieza y desinfección (L+D) ha de ser característica dominante en todas las dependencias del establecimiento, y muy especialmente en las zonas de manipulación de los alimentos. Estas acciones deben realizarse sin demora una vez terminado el proceso de elaboración de los alimentos para evitar contaminaciones en los mismos. Si analizamos detenidamente el proceso L+D, podemos distinguir **6 fases básicas:**

Prelimpieza

- Es una primera fase de eliminación grosera de la suciedad, grasas, etc. Se realizará barriendo, raspando o frotando.

Limpieza

- Consiste en la eliminación de las grasas, la suciedad, etc., de las superficies por medio de **detergentes.**

Enjuagado

- Es la eliminación de toda la suciedad disuelta y la eliminación del detergente usado en la fase anterior.

Continúa en página siguiente >>

<< Viene de página anterior

Desinfección

- Es la destrucción de las bacterias mediante el empleo de un **desinfectante,** asociado a una corriente de **agua caliente** a unos 85 °C.

Aclarado

- Es la adicción de agua a la superficie para eliminar los restos del desinfectante.

Secado

- Eliminación del agua. Para ello, se puede emplear **aire seco** o **paños de papel** de un solo uso.

NOTA

Si empleamos un higienizante (mezcla de un detergente y un desinfectante), las fases 2 y 4 son simultáneas.

Durante el proceso L+D debemos tener en cuenta tres aspectos muy importantes:

- **Uso de los productos adecuados:** los productos usados deben ser adecuados en función de la suciedad y el material a tratar. Se usarán en las medidas y proporciones aconsejadas por el fabricante. Siempre deben ser aptos para el uso alimentario.
- **Procesos correctos:** las operaciones llevadas a cabo deben ser las apropiadas para evitar alteraciones o contaminaciones de alimentos. Un procedimiento correcto podría ser barrer mediante arrastre en una superficie mojada para evitar el levantamiento de polvo y otros objetos.
- **Frecuencia de las tareas L+D:** la frecuencia de las tareas deberá ser en función del uso de la zona a tratar para así evitar acumulaciones de suciedad, polvo, etc.

Para llevar a cabo un buen programa L+D las áreas de trabajo se dividen, según el riesgo que suponen para los alimentos, en dos principalmente.

Áreas blancas	Áreas grises
- Son las áreas en la cuales el nivel de **higiene debe ser mayor,** ya que están en contacto directo con los alimentos. Estas áreas principalmente son las cocinas, cuartos fríos, pastelerías y cámaras.	- Son aquellas cuyo nivel de higiene puede ser inferior, ya que **no están en contacto directo** con los **alimentos** ni su manipulación. Estas áreas podrían ser: almacenes, comedor, etc.

3. Requisitos higiénicos generales de instalaciones y equipos

HILO CONDUCTOR

En el restaurante La Fuente tanto las instalaciones como los equipos utilizados cumplen con la normativa vigente en materia de higiene. Por ello, se utilizan productos de limpieza y desinfección autorizados y se almacenan en lugares distintos a los productos alimentarios. Además, los equipos y utensilios se limpian y desinfectan después de cada uso con productos autorizados y agua caliente a 80 ºC. En cuanto a las superficies, también se limpian y desinfectan diariamente, pero nunca se barren los suelos en seco, y menos aun cuando todavía se están realizando tareas con los alimentos.

Todos los establecimientos dedicados a la hostelería y alimentación deben cumplir una serie de requisitos en cuanto a locales, instalaciones y equipos, que ya has visto anteriormente. Pero además, se les exige que cumplan con unas condiciones de higiene adecuadas para evitar cualquier contaminación y poner en peligro la salubridad de los consumidores.

Dichos **requisitos higiénico-sanitarios** son:

1. Todos los locales deben mantenerse en estado de limpieza por los métodos más apropiados para no levantar polvo ni producir alteraciones ni contaminaciones. **Nunca deben ser barridos los suelos en seco** y en ningún caso cuando se estén preparando alimentos. Las dependencias deberán someterse a **procesos de desinfección, desinsectación y desratización** con la periodicidad necesaria.

2. Después de cada jornada de trabajo, o antes si es necesario, se procederá sistemáticamente a la **limpieza y desinfección de todos los útiles** empleados (mesas, recipientes, elementos desmontables de máquinas, cuchillos, etc.) que hayan tenido **contacto con los alimentos.** Los útiles y maquinaria que **no se empleen cotidianamente** serán lavados y desinfectados antes de ser utilizados nuevamente.
3. Los utensilios que se empleen para la preparación de alimentos, así como la vajilla, cubiertos, etc., se limpiarán y enjuagarán para después lavarlos con **detergente autorizado** y por último **sumergirlos durante treinta segundos,** como mínimo, en **agua** a una temperatura no inferior a **80 °C.** El aclarado se efectuará con abundante agua corriente para arrastrar totalmente el detergente utilizado.
4. Cuando se empleen **máquinas de lavar vajilla y utillaje,** estas deberán ser **fácilmente desmontables** para su limpieza una vez usadas.
5. Los **productos** empleados en la **limpieza, desinfección, desinsectación y desratización** que se utilicen en las dependencias de los establecimientos regulados por esta reglamentación deberán disponer de la autorización correspondiente otorgada por la **Subsecretaría de Sanidad y Consumo.** Su utilización y almacenaje se hará de tal forma que no suponga ningún riesgo de contaminación para los alimentos. Los insecticidas, raticidas y demás sustancias peligrosas deben guardarse **lejos de las áreas** de almacenamiento y preparación de los **alimentos,** en recipientes cerrados y su manejo se permitirá solo al personal convenientemente responsable de su uso.
6. Queda **prohibida** la permanencia y entrada de **animales domésticos** en las dependencias de estos establecimientos.

ACTIVIDAD 3

Como has visto en el contenido, las instalaciones y equipos utilizados en el establecimiento, deben seguir una serie de premisas a la hora de su limpieza y desinfección. A partir de las tareas que realiza Javier en su jornada laboral, identifica los requisitos higiénico-sanitarios que deben cumplir las instalaciones y equipos implicados en su trabajo.

1. ¿Cómo procederá con los productos de limpieza?

   a. Almacenándolos en un lugar lejos de las áreas de almacenamiento de alimentos.
   b. Almacenándolos en los almacenes de productos no perecederos.

Continúa en página siguiente >>

<< Viene de página anterior

c. Almacenándolos en las estanterías que estén ubicadas en la cocina.

2. ¿Cómo deberá proceder Javier para limpiar el suelo?

a. Mediante un método en el que no se levante polvo, evitando el barrido en seco.
b. Con un barrido en seco.
c. Con un barrido en seco y después con un método húmedo.

3. ¿A qué temperatura deberá estar el agua para conseguir una correcta limpieza y desinfección de los utensilios y equipos?

a. Menos de 75 ºC.
b. Más de 100 ºC.
c. Más de 80 ºC.

4. Procesos de limpieza: desinfección, esterilización, desinsectación y desratización

HILO CONDUCTOR

Durante la temporada de verano suele abundar una mayor cantidad de insectos, lo que podría poner en peligro la higiene del restaurante La Fuente. Por ello, en estas épocas suelen utilizar los métodos de desinsectación que están a su alcance y que pueden ser eficaces para la eliminación de los mismos. Usan insecticidas al finalizar la jornada y una vez que está el local vacío, y además, utiliza trampas para capturar insectos voladores.

Dentro del proceso de limpieza se distinguen diferentes métodos o tipos que se aplican a las instalaciones o equipos en función de la necesidad del momento y de lo que se pretende conseguir.

4.1. Desinsectación

El objetivo de la desinsectación es la destrucción de los insectos mediante procedimientos o agentes físicos y químicos.

Durante el proceso de fabricación de los alimentos, solo se puede hacer uso de **trampas para la captura de insectos voladores,** como pueden ser las trampas formadas por un foco de luz ultravioleta y una lámina de pegado. La luz atrae a los insectos, los cuales, al contactar con la lámina quedan atrapados.

En cuanto a los **insecticidas,** debido a la toxicidad que representan para el hombre, está prohibido aplicarlos sobre los alimentos o en los locales donde se estén manipulando los alimentos o donde se encuentren almacenados. Por ello, únicamente es posible su aplicación en **locales vacíos,** bien al término de la jornada de trabajo o cuando quedan vacíos al finalizar los periodos de fabricación. Para el uso de los insecticidas, hay que tener en cuenta una **buena ventilación** del local para su posterior utilización.

4.2. Esterilización

El objetivo de la esterilización es la destrucción de los microorganismos a través de calor.

Para esterilizar debemos seguir varios **pasos:**

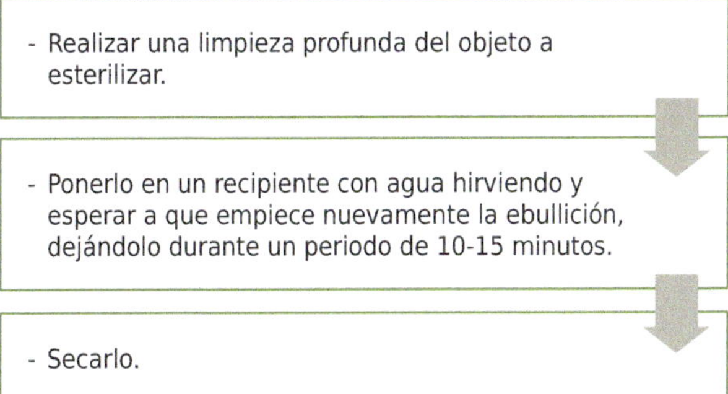

Este proceso está especialmente indicado para utillaje y piezas desmontables de maquinarias. También podemos realizar la esterilización con maquinaria y productos especializados en ello. La esterilización se lleva a cabo también en los propios **alimentos,** realizando este proceso con **fases diferentes.**

4.3. Desinfección

Su objetivo es la destrucción y/o reducción de los microorganismos a través de agentes químicos como pueden ser los desinfectantes. De esta manera, evitaremos contaminaciones y alteraciones en los alimentos.

Por norma general, la desinfección debe ser realizada después de una escrupulosa limpieza de la zona a tratar (higienización). Para llevar a cabo esta operación, lo asociaremos a una corriente de agua caliente, preferiblemente a unos 85 °C, tras la cual se enjuagará y se secará gracias al aire seco o a la ayuda de unos paños de papel. Para asegurar un buen proceso de limpieza y desinfección, toda empresa deberá seguir un Plan L+ D, en el cual **una persona ajena** a los responsables de limpieza se encargará de realizar la **revisión** de que todo se haya llevado a cabo correctamente, creando una **hoja de control** específico para ello. Posteriormente, se llevará a cabo un **control analítico,** del que se encargará un **laboratorio.** Este tomará muestras de alimentos y superficies para descartar posibles contaminaciones.

Cada establecimiento tendrá un plan específico de desinfección dependiendo del tamaño de la cocina, las horas que esté en funcionamiento y el volumen de producción.

4.4. Desratización

Su objetivo es la destrucción de animales roedores por procedimientos y/o agentes físicos o químicos.

Los métodos para llevar a cabo la desratización pueden ser los siguientes:

Métodos físicos	Métodos químicos
- Como el empleo de trampas colocadas en lugares estratégicos, donde pueda presumirse el paso o la presencia de estos animales.	- Basados en el empleo de cebos. Son venenos agudos o crónicos.

Dada su peligrosidad, la aplicación de todos estos productos debe efectuarla una **empresa externa** autorizada para ello y registrada por la Consejería de Salud de la correspondiente comunidad autónoma. Los productos deben estar siempre autorizados para su uso en la industria alimentaria. **Los códigos numéricos del Registro Sanitario** para estos productos terminan con las letras **HA** (Higiene Alimentaria). La empresa autorizada deberá hacer un programa de **seguimiento** de todas las **acciones** tomadas, haciéndose responsable de cualquier acto, como pudiera ser una incidencia. Además, esta empresa deberá colocar un plano de los **lugares donde ha colocado estos cebos** y el tipo en su caso.

PARA SABER MÁS

Accede al siguiente enlace para consultar la exposición, por parte del Profesor Rivera Guzmán, sobre los planes generales de higiene en relación con el control de plagas y la salud pública.

https://redirectoronline.com/mf071100201

ACTIVIDAD COMPLEMENTARIA

Busca información sobre los productos utilizados para la erradicación de animales roedores y argumenta la razón de que solo los puedan utilizar empresas autorizadas para ello, indicando las consecuencias que tendría si dichos productos los usan los propios empleados del establecimiento y ocurre alguna incidencia.

5. Productos de limpieza de uso común

HILO CONDUCTOR

En el restaurante La Fuente se utilizan varios tipos de productos de limpieza, sobre todo detergentes y desinfectantes. En cuanto a los detergentes, los más utilizados son los alcalinos, tanto para los lavavajillas como para limpiar superficies. Y en relación a los desinfectantes, los más usados son los compuestos clorados apoyados siempre con agua caliente a más de 80 ºC.

Como has visto, se debe seguir de forma reiterada toda acción que lleve a cabo una buena limpieza y desinfección en el área de trabajo. Para ello, no basta solo con hacer un correcto proceso sino que también debemos tener en cuenta el buen uso de productos de limpieza.

Estos productos, son **composiciones químicas** que se utilizan para la limpieza microscópica (desinfectantes) y macroscópica (detergentes). Pero dentro de estos dos grupos pueden encuadrarse varios productos:

Detergentes	Desinfectantes
- Abrasivos - Ácidos - Alcalinos - Neutros	- Aguas a temperaturas mayores de 80 ºC - Compuestos clorados - Amonios cuaternarios

PARA SABER MÁS

Accede al siguiente enlace para consultar el Real Decreto 1054/2002, de 11 de octubre, por el que se regula el proceso de evaluación para el registro, autorización y comercialización de biocidas:

https://redirectoronline.com/mf07110202

5.1. Características principales de uso

Cada producto se utiliza para una acción diferente, por lo que se debe diferenciar entre las características de uso de los detergentes y de los desinfectantes.

Detergentes

La aplicación de detergentes permite eliminar las capas de suciedad, manteniéndolas en suspensión para que, tras su posterior enjuague, se eliminen junto con los restos de detergente.

Los detergentes se pueden clasificar en **cuatro tipos,** los cuales se destinarán a acciones diferentes:

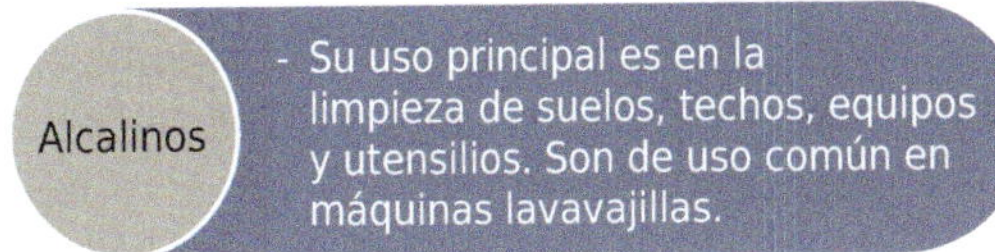

Continúa en página siguiente >>

<< Viene de página anterior

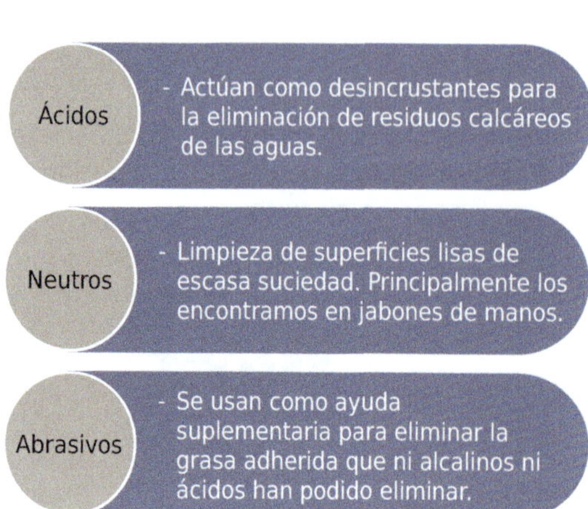

Desinfectantes

Para asegurar la acción de estos productos es necesario, como has visto anteriormente, que la zona a tratar se haya limpiado a fondo.

Los productos **desinfectantes de uso alimentario** deberán tener las siglas HA (Higiene Alimentaria) al final de su número de registro.

Un factor muy importante es la rotación de estos productos para asegurar la eliminación de las bacterias, ya que el uso continuado de este podría ser reconocido por las bacterias y estas hacerse resistentes a él.

Los **desinfectantes más utilizados y sus principales usos** son:

- **Aguas a temperatura mayores a 80 °C:** su uso fundamentalmente está indicado en el lavado automático. También, para el uso manual de utensilios grandes.
- **Amonios cuaternarios:** principalmente, en todas aquellas superficies que entran en contacto con los alimentos y las manos.
- **Compuestos clorados:** al igual que los amonios cuaternarios, se usan para la desinfección de todas aquellas superficies que entran en contacto con los alimentos y las manos. No se deben aplicar directamente sobre los metales sin antes haberlo diluido en agua caliente.

NOTA

Para una mejor dosificación de los productos, es aconsejable el uso de dosificadores automáticos.

5.2. Medidas de seguridad y normas de almacenaje

La utilización y almacenaje de los productos empleados en la limpieza y desinfección se hará de tal forma que no suponga ningún riesgo de contaminación ni alteración de los alimentos.

Para ello, adoptaremos las siguientes **medidas:**

a. Se obtendrán solo de industrias autorizadas para su fabricación y distribución.
b. Deberán estar acompañadas de su correspondiente ficha técnica, que nos la debe proveer el distribuidor o fabricante, debiendo estar al alcance de los trabajadores para que la puedan consultar siempre que la necesiten.
c. Estarán en recipientes cerrados.
d. Se utilizarán según las indicaciones dadas por el fabricante.
e. Se almacenarán en lugares exclusivos para este fin, por supuesto, separados de cualquier zona de almacenaje o transición de los alimentos.
f. Será usado por la persona correspondiente, encargada de su manipulación.
g. Los productos se mantendrán siempre en sus envases originales.

5.3. Interpretación de las especificaciones

Todos los productos deben estar marcados por una serie de **símbolos que representen los posibles peligros,** tanto para el manipulador de estos como para las superficies en las que se use.

Este aspecto está regulado por el **Reglamento** (CE) nº 1272/2008 del Parlamento Europeo y del Consejo, sobre clasificación, etiquetado y envasado de sustancias y mezclas, considerando a su vez su modificación mediante el Reglamento 2024/2865, de 23 de octubre.

Los peligros se representan en sus **etiquetas** mediante señales que advierten de su peligro o por escrito. Además, deben ir acompañadas por una **ficha técnica** que el manipulador debe interpretar para evitar accidentes.

DEFINICIÓN

Ficha técnica
Es un documento en forma de sumario que contiene la descripción de las características de un producto de manera detallada. Suele contener datos como el nombre, características físicas, el modo de uso o elaboración, propiedades distintivas y especificaciones técnicas. La correcta redacción de la ficha técnica es importante para garantizar la satisfacción del consumidor, y evitar daños personales o materiales o responsabilidades civiles o penales.

Los productos **desinfectantes de uso alimentario** deberán estar dotados con las siglas HA (Higiene Alimentaria) al final de su número de registro.

Continúa en página siguiente >>

<< Viene de página anterior

Señales de peligro que deben figurar en los productos químicos

VÍDEO

Observa el siguiente vídeo desarrollado por Spice Hecker en el que se muestran las exigencias y cambios en el etiquetado atendiendo a la legislación Europea CLP.

https://redirectoronline.com/mf07110203

ACTIVIDAD 4

María se dispone a limpiar varias zonas y superficies de su puesto de trabajo. Identifica qué producto de limpieza o tratamiento será el más adecuado en cada caso:

Continúa en página siguiente >>

<< Viene de página anterior

1. ¿Cómo procederás a la higienización del suelo del cuarto frío?

    a. Detergente neutro + detergente ácido
    b. Detergente alcalino + amonio cuaternario
    c. Detergente abrasivo
    d. Detergente alcalino + detergente abrasivo + detergente ácido

2. ¿Cómo procederás a la limpieza de la mesa de trabajo donde has estado preparando unos bocadillos?

    a. Detergente alcalino
    b. Detergente abrasivo
    c. Amonio cuaternario
    d. Detergente neutro

3. Una vez que ha limpiado todas las partes de la máquina cortafiambres que ha estado usando, las pone en un recipiente con agua hirviendo y lo deja unos 15 minutos. ¿Qué tratamiento o proceso está llevando a cabo?

    a. Desinsectación
    b. Limpieza
    c. Desinfección
    d. Esterilización

6. Sistemas, métodos y equipos de limpieza: aplicaciones de los equipos y materiales básicos

 **HILO CONDUCTOR**

Juan va a proceder a la limpieza de la cámara frigorífica principal del restaurante y para ello, en primer lugar retira todos los productos antes de empezar la tarea, evitando así cualquier tipo de contaminación que puedan producir los productos de limpieza. Seguidamente, realiza la limpieza con detergentes, desinfectantes y agua caliente y aclara con bastante agua. Utiliza papel de un solo uso para secar bien las estanterías y recoloca nuevamente los alimentos.

Hay que aplicar cada producto de limpieza según sus características y las particulares de la superficie que se va a limpiar, al igual que hay que utilizar los equipos y materiales afines a la situación, sistema y método de limpieza, para que esta sea la más correcta en higiene y seguridad alimentaria.

Los **útiles de limpieza** se deben mantener en **adecuadas condiciones de limpieza y desinfección** para evitar la reproducción en ellos de los microorganismos. Si estos no se mantuvieran, podrían contaminar superficies, utillajes, etc. durante su utilización ya que estos harían de transportadores. Igual importancia tiene el buen mantenimiento en cuanto a limpieza y desinfección de la zona de almacenaje de estos. Aparte del buen **mantenimiento,** es necesario conocer sus aplicaciones para así poder utilizar los más adecuados según las necesidades.

A continuación, se detallarán las **aplicaciones de los principales equipos y materiales básicos** de limpieza utilizados en los establecimientos de restauración:

- **Piedra pómez:** para la suciedad más complicada de arrancar. Por ejemplo, en bandejas de horno, paellas, etc.
- **Tren de lavado y lavavajillas:** para limpieza y abrillantado (y en ocasiones secado) de vajilla, cubertería, cristalería, recipientes y utensilios de cocina.
- **Bayetas:** para eliminar y arrancar suciedad, absorber líquidos, secar superficies, entre otros.
- **Paños:** para realizar el secado del material ya limpio. Se suelen utilizar de algodón o microfibras.
- **Estropajos:** para arrancar la suciedad de todo tipo de superficies, recipientes o herramientas. Existen varios tipos en función del material o composición del elemento a limpiar:

  a. **De tela sin tejer:** arranca la suciedad en todo tipo de materiales sin rallar.
  b. **De acero inoxidable:** para suciedad más incrustada.
  c. **Con salvaúñas:** para suciedad muy incrustada y protección salvaúñas.

- **Guantes:** para evitar posibles irritaciones producidas por los productos de limpieza.
- **Escoba y recogedor:** para realizar el barrido del suelo y recoger todo tipo de objetos que se encuentren en él.
- **Fregona:** para realizar la limpieza completa del suelo.

6.1. Procedimientos habituales: tipos y ejecución

Los procedimientos habituales para una correcta limpieza son los siguientes.

Limpieza de zonas y equipos anejos

Las cámaras, mesas calientes y refrigeradas, almacenes, etc. se deberán limpiar minuciosamente. Para los elementos de frío y calor se seguirán las **instrucciones del fabricante.**

1. Retirar todos los productos y útiles antes de empezar la tarea para así poder evitar la contaminación de los alimentos y utillajes por caída de productos de limpieza y aguas sucias.
2. Limpiar utilizando preferiblemente agua caliente, detergente y desinfectante.
3. Aclarar con abundante agua para retirar los restos de jabón y suciedad.
4. Dejar secar con aire seco o bien hacer uso de papel de un solo uso.
5. Limpiar los productos y equipos con papel desechable y, en el caso de los equipos, proceder a su limpieza correspondiente si fuera necesario.
6. Recolocar nuevamente en su lugar los alimentos y útiles.

Limpieza automática

La limpieza automática se realizará en lavavajillas automáticos no provistos de desagües manuales. Para realizar una correcta limpieza automática, se darán los siguientes **pasos:**

1. Eliminar los restos de comida que pudieran tener los objetos a lavar con el mismo detenimiento que si se lavasen a mano.
2. Poner el lavavajillas en función de los objetos a lavar, programando el aparato a una temperatura para el lavado de 60 a 65 °C y a 80 °C para su aclarado final.
3. Procederemos al lavado sin sobrecargar el lavavajillas.
4. Finalmente, desmontar el lavavajillas y proceder a su limpieza y desinfección.

Limpieza manual del utillaje de cocina y piezas desmontables de maquinaria e instalaciones

En este caso, el lavado se llevará a cabo mediante los siguientes **pasos:**

1. Eliminar, mediante el cepillado, los restos de comida que contengan.
2. Se enjuagará en agua caliente.
3. Efectuar el lavado con agua caliente (40-50 °C) con la adicción de un detergente.
4. Se procederá al enjuagado con abundante agua corriente para arrastrar la suciedad levantada y los restos de detergente.
5. Proceder a la desinfección del objeto mediante un desinfectante y agua caliente a una temperatura de 85 °C.
6. Enjuagar con abundante agua para eliminar restos del desinfectante.
7. Proceder al secado mediante aire seco o la ayuda de paños de papel desechables.

Limpieza manual de superficies y equipos

Para llevar a cabo la limpieza de superficies y equipos se procederá de la siguiente **forma:**

1. Recoger los residuos sólidos de superficies y equipos.
2. Lavar con agua caliente y la adicción de detergente a todas las superficies y equipos a tratar.
3. Aclarar con abundante agua caliente para eliminar los restos de detergente.
4. Dejar secar, preferiblemente con aire seco. En el caso del uso del secado manual, se realizará con paños de papel desechables.

Limpieza de zonas de difícil acceso

Durante la limpieza es necesario prestar especial atención a zonas como los ángulos de las paredes, esquinas, debajo del mobiliario, etc. Es imprescindible retirar el mobiliario para realizar la limpieza correctamente.

TAREA 5

Una de las premisas más importantes a la hora de llevar a cabo la limpieza y desinfección de las instalaciones y equipos del restaurante, es la elección de los productos más adecuados, así como los métodos de limpieza que se seguirán en función de las necesidades.

Para ayudar a un empleado nuevo que acaba de incorporarse a trabajar en el establecimiento, realizarás una tabla o cuadro en el que clasifiques y compares los distintos productos de limpieza y desinfección así como los tratamientos de limpieza, tales como la desinfección, esterilización, desinsectación y desratización, y sus condiciones de empleo y aplicación.

7. Técnicas de señalización y aislamiento de áreas o equipos

HILO CONDUCTOR

Antes de entrar en las instalaciones de la cocina del restaurante La Fuente, hay que seguir una serie de indicaciones las cuales están representadas por una serie de señales a la entrada de la misma:

En los centros de trabajo existen ciertos riesgos que no se reducen lo suficiente a través de medidas de protección colectiva u organizativa, y por ello que se recurre a **medidas de señalización.**

El objetivo de estas señales es el de **informar y advertir de peligros,** recordar **normas de comportamiento, prohibir situaciones** incorrectas, **señalizar** vías de evacuación o dispositivos de salvamento, lucha contra incendios, indicar instrucciones para realizar actos, etc.

Dependiendo del tipo de mensaje que transmita, la señal será de una forma determinada, y de ahí que se distingan cinco **tipos de señales:**

- Las señales de obligación son de forma **circular y de fondo azul.** Sus rótulos son de color blanco.

- Las señales de prohibición son de forma **circular** con el pictograma en negro y el fondo blanco con los **bordes y la banda en trasversal en rojo.**

- Las señales de advertencia tienen **forma triangular** con el pictograma y los bordes en negro con el **fondo amarillo.**

- Las señales relativas a los equipos de salvamento o de socorro son **rectangulares** con el pictograma blanco y el **fondo verde.**

- Las señales relativas a los equipos de lucha contra incendios pueden ser de forma **cuadrada o rectangular** con el **fondo rojo** y el pictograma en blanco.

- Adicionalmente existen otros sistemas de señalización, como pueden ser **franjas amarillas y negras** pintadas sobre el suelo para advertir peligro de caída o de choque, dispositivos de **advertencia** sobre suelos mojados, **paneles de información** sobre reglas a seguir para el uso de una maquinaria, etc.

ACTIVIDAD 5

El restaurante en el que trabajas ha permanecido cerrado los meses de invierno, y ahora para la llegada de la primavera se va a volver a abrir. Por ello, todos los empleados del mismo vais a realizar la limpieza completa del restaurante, sobre todo de la cocina, que es la que se encuentra en peor estado.

1. Identifica qué equipos son necesarios para realizar las tareas de limpieza y desinfección del suelo, superficies y utillaje, así como los productos de limpieza necesarios para los tratamientos.

    a. Detergente neutro
    b. Detergente alcalino
    c. Amonio cuaternario

2. ¿Cuáles de los siguientes materiales se pueden utilizar?

    a. Piedra pómez
    b. Guantes
    c. Estropajos
    d. Bayetas

3. Antes de comenzar con la limpieza, es preciso fijar los parámetros de control de los productos de limpieza, ya que pueden provocarse accidentes en el caso de no utilizarlos correctamente. Los que has seleccionado presentan las siguientes indicaciones en la etiqueta:

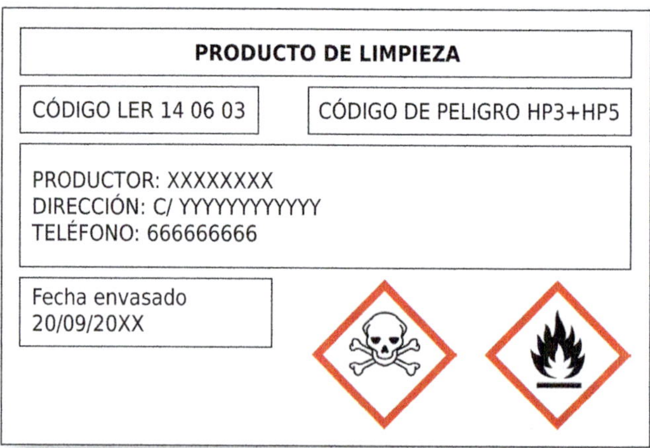

PRODUCTO DE LIMPIEZA

CÓDIGO LER 14 06 03 | CÓDIGO DE PELIGRO HP3+HP5

PRODUCTOR: XXXXXXXX
DIRECCIÓN: C/ YYYYYYYYYYYY
TELÉFONO: 666666666

Fecha envasado
20/09/20XX

Continúa en página siguiente >>

<< *Viene de página anterior*

¿Qué parámetros de control deberás llevar a cabo?

a. Intentar que no entre en contacto con nuestra piel ni con las superficies a limpiar, ya que son corrosivos.
b. Intentar no exponerlos a fuentes de calor, ya que son inflamables, además de prestar mucha a tención a no ingerirlos, ya que son tóxicos.
c. Buscar la manera de eliminarlos de manera responsable, ya que son peligrosos para el medioambiente, además de no exponerlos a fuentes de calor, ya que son explosivos.

4. Otro parámetro a controlar es la temperatura del agua que utilizarás para la desinfección. ¿Cuál sería la correcta?

a. 38 ºC
b. 55 ºC
c. 85 ºC
d. 70 ºC

5. Te vas a disponer a realizar la higienización, es decir, la limpieza y desinfección de dicha zona. ¿En qué orden realizarás las fases de dicho proceso?

a. Limpieza
b. Desinfección
c. Prelimpieza
d. Secado
e. Primer enjuagado
f. Segundo enjuagado

6. Este proceso de higienización de la cocina, ¿con qué frecuencia se deberá realizar a partir de ahora?

a. Cada 2 meses.
b. Al acabar la jornada de trabajo o después de realizar alguna tarea.
c. Una vez a la semana.

7. Una vez realizados los procesos de limpieza y desinfección, te dispones a llevar a cabo la desinsectación y desratización. ¿Cómo llevarás a cabo la desinsectación?

a. Colocando únicamente trampas, como por ejemplo rejillas eléctricas de luz ultravioleta, ya que los insecticidas no pueden utilizarse.

Continúa en página siguiente >>

<< *Viene de página anterior*

b. Abriendo las ventanas y esperando a que los insectos salgan.
c. Usando trampas para capturar los insectos voladores o utilizando insecticidas, ya que no se están manipulando alimentos en el local.

8. Y en cuanto a la desratización, ¿cómo procederás?

a. Usando métodos físicos, como trampas en lugares estratégicos, o usando métodos químicos, ya que no se están manipulando alimentos en el local.
b. Usando únicamente métodos físicos, como trampas en lugares estratégicos, y avisando a una empresa autorizada para que pueda aplicar métodos químicos.
c. Abriendo ventanas y puertas para que puedan escapar.

9. En último lugar, indica las acciones de higiene y comportamiento personal que deberás adoptar en relación a la limpieza y desinfección del establecimiento:

a. Almacenar los productos de limpieza en la zona de almacenaje de los alimentos.
b. Mantener los productos de limpieza siempre en su envase original.
c. Utilizar guantes en el caso de manipular productos de limpieza peligrosos.
d. La limpieza de utensilios y equipos de trabajo utilizados en el servicio se realizará 2 veces a la semana.
e. La empresa deberá establecer un plan de limpieza y desinfección.
f. Para el trabajo en el establecimiento se usará una vestimenta o uniforme exclusivo para el trabajo, manteniéndose siempre limpio y en buenas condiciones.

TAREA 6

Realiza la limpieza y desinfección de varios equipos y utensilios de cocina. Aplica las técnicas de limpieza y desinfección adecuadas a una superficie, a algún tipo de maquinaria eléctrica y a dos utensilios o herramientas utilizando los productos y materiales necesarios.

Además, elabora un tutorial sobre la aplicación de algún medio de desinsectación o desratización en cocina.

8. Resumen

La **limpieza y desinfección** (L+D) ha de ser característica dominante en todas las dependencias del establecimiento y muy especialmente en las zonas de manipulación de los alimentos.

Los locales destinados tanto al consumo como a la manipulación de alimentos deben estar debidamente distribuidos según las necesidades de trabajo y teniendo en cuenta las posibles **fuentes de contaminación,** acondicionando las zonas de forma que permitan la fluidez en la manipulación y elaboración de los alimentos, desde su llegada hasta su consumo.

Existen varios **procesos de limpieza** que se llevarán a cabo según la necesidad de cada momento:

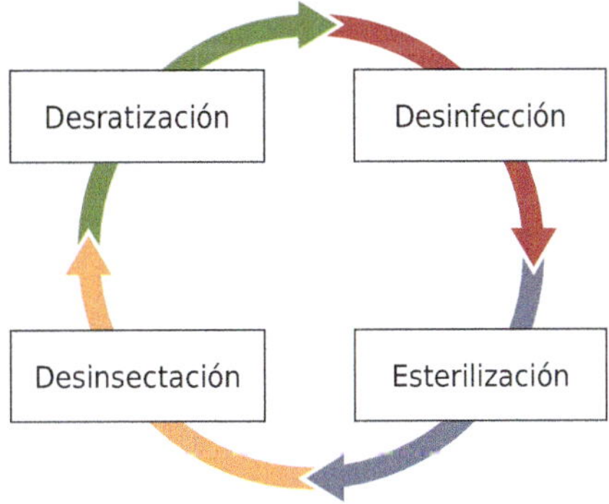

Estos procesos de limpieza se llevarán a cabo utilizando los **productos adecuados** (detergentes y desinfectantes), así como los **equipos y materiales** básicos para ello.

En los centros de trabajo existen ciertos **riesgos** para los que, si no se reducen lo suficiente a través de medidas de protección colectiva u organizativa, debemos recurrir a **medidas de señalización.**

El objetivo de estas señales es el de informar y advertir de peligros, recordar normas de comportamiento, prohibir situaciones incorrectas, señalizar vías de evacuación o dispositivos de salvamento, dar indicaciones contra incendios, indicar instrucciones para realizar actos, etc. Podemos distinguir **cinco tipos de señales:** señales de obligación, señales de prohibición, señales de advertencia, señales relativas a los equipos de salvamento o de socorro y señales relativas a los equipos de lucha contra incendios.

Obligación
Prohibición
Advertencia
Equipos contra incendios
Salvamento o socorro
Riesgo de caídas

Ejercicios de autoevaluación Unidad de Aprendizaje 2

1. ¿Qué tipo de microorganismos pueden penetrar y multiplicarse en otros seres vivos?

a. Amebas
b. Microorganismos patógenos
c. Microorganismos no patógenos
d. Sipuncúlidos

2. ¿Cuál es la temperatura idónea para llevar a cabo el proceso de desinfección?

a. 85 °C
b. 65 °C
c. 60 °C
d. 40 °C

3. Identifica si las siguientes frases son verdaderas o falsas:

a. Con la limpieza solo se consiguen eliminar los organismos patógenos.

- Verdadero
- Falso

b. La limpieza y desinfección ha de ser característica dominante en todas las dependencias del establecimiento, y muy especialmente en las zonas de manipulación de los alimentos.

- Verdadero
- Falso

4. ¿En qué áreas se debe mantener una higiene mayor?

a. Áreas blancas
b. Áreas grises
c. Áreas rojas
d. Áreas naranjas

5. Completa las siguientes frases:

El proceso de ____________________ consiste en la destrucción de los microorganismos a través de calor.

La ____________________ consiste en la destrucción de los insectos mediante procedimientos o agentes físicos y químicos.

La ____________________ es la destrucción de animales roedores por procedimientos y/o agentes físicos o químicos.

6. ¿Qué detergente se usa como ayuda suplementaria de otros detergentes para eliminar la grasa?

a. Detergentes abrasivos
b. Detergentes neutros
c. Detergentes ácidos
d. Detergentes alcalinos

7. Los desinfectantes más utilizados son:

____

____

8. ¿Con qué siglas se reconoce un desinfectante de uso alimentario?

a. HA
b. RD
c. DA
d. UA

9. Ordena las fases de la limpieza manual del utillaje de cocina y piezas desmontables de maquinaria e instalaciones.

a. Se enjuagará en agua caliente.
b. Enjuagar con abundante agua para eliminar los restos del desinfectante.
c. Efectuar el lavado con agua caliente (40-50 °C) con la adicción de un detergente.
d. Proceder a la desinfección del objeto mediante un desinfectante y agua caliente a una temperatura de 85 °C.

e. Eliminar, mediante el cepillado, los restos de comida que contengan.
f. Se procederá al enjuagado con abundante agua corriente para arrastrar la suciedad levantada y los restos de detergente.
g. Proceder al secado mediante aire seco o la ayuda de paños de papel desechables.

10. ¿A qué tipo de señal corresponde una señal de salida de emergencia?

a. A las señales relativas a los equipos de salvamento o de socorro.
b. A las señales de advertencia.
c. A las señales relativas a los equipos de lucha contra incendios.
d. A las señales de obligación.

Unidad de aprendizaje 3

Incidencia ambiental de la actividad de hostelería

Contenido

1. Introducción
2. Agentes y factores de impacto
3. Tratamiento de residuos
4. Normativa aplicable sobre protección ambiental
5. Otras técnicas de prevención o protección
6. Resumen

Objetivos

Los objetivos específicos de esta Unidad de Aprendizaje son:

→ Reconocer y aplicar las normas y medidas vigentes y necesarias para asegurar la calidad higiénico-sanitaria de la actividad de hostelería.

→ Evaluar la problemática ambiental originada en la actividad de hostelería y el control de los residuos producidos.

1. Introducción

Los establecimientos hosteleros ponen a disposición del cliente una serie de espacios y servicios que en muchas ocasiones producen, en mayor o menor medida, **impactos** en el medioambiente.

Este impacto variará **dependiendo del tipo de turismo y establecimiento** en cada caso, ya que, si bien es cierto que, entre otros, un hotel rural en la montaña y un gran hotel de playa en una pequeña ciudad se consideran establecimientos dedicados a la actividad hostelera, no ofrecen los mismos espacios, e incidirán en el medioambiente de forma distinta y en función del tipo de turismo y cliente.

Es importante tener en cuenta que estos establecimientos, a lo largo de su vida, pasan por distintas **fases.** Una primera fase de **construcción,** una segunda fase de **explotación** (en las que se pueden efectuar reformas) y una tercera de **demolición** (llegado el caso). En cada una de ellas se generan una serie de residuos y emisiones a la atmósfera que afectarán de manera negativa a nuestro medioambiente. Por ello, en cada una de estas etapas trabajaremos para reducir estos impactos.

No podemos olvidar al cliente o usuario, que durante el uso y disfrute de estas instalaciones en el destino elegido para sus vacaciones, generará un **gran impacto en la fase de explotación.** Es por ello que la actitud del cliente debe ser uno de nuestros objetivos a la hora de trabajar en la disminución del impacto ambiental en este sector.

Continuaremos basándonos en el restaurante La Fuente, donde siempre se intenta actuar con la mayor responsabilidad ambiental posible, realizando un tratamiento adecuado de los residuos y aplicando planes de prevención.

2. Agentes y factores de impacto

En la ciudad en la que se ubica el restaurante La Fuente se han llevado a cabo varios estudios de impacto medioambiental en los últimos años. Debido al gran aumento del turismo y de la apertura de numerosos establecimientos hoteleros

Continúa en página siguiente >>

<< Viene de página anterior

y de restauración, ha aumentado la contaminación en la ciudad en un 13 %, siendo las causas principales la emisión de gases de los extractores de humos, la producción de residuos en grandes cantidades y el vertido de aguas residuales.

Actualmente las cadenas hoteleras y grandes establecimientos de restauración trabajan para seguir desarrollando su actividad al mismo tiempo que se involucran en la conservación del medioambiente, propiciando el desarrollo turístico.

Aun así, la actividad turística forma parte de un tipo de **actividades o industrias que agravan la problemática ambiental** global (deforestación, desertificación, etc.).

La deforestación llevada a cabo por la construcción cambia el medioambiente.

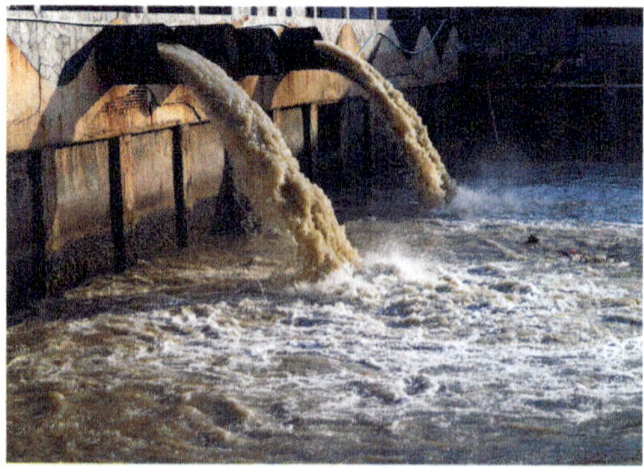

Los vertidos realizados al mar influirán en el futuro de todos.

Llevando a cabo un análisis de la actividad turística actual, se evidencia cuál es la principal problemática y cuál es el impacto que provoca en el medioambiente:

- **Vertidos a las aguas:** realizar vertidos a las aguas, ya sean estas continentales o marítimas, contribuye a su contaminación.
- **Emisión de gases:** en la mayoría de los casos, para disfrutar de nuestro destino vacacional, realizamos desplazamientos utilizando distintos medios de transporte, emitiendo a la atmósfera elementos contaminantes.
- **Invasión de zonas naturales:** la especulación del suelo y el desarrollo urbanístico han ido unidas.
- **Sobreexplotación recursos naturales:** la actividad turística repercute en el estilo de vida tradicional de los pueblos.
- **Producción de residuos:** recursos como el agua son motivo de enfrentamientos sociales y su explotación ocasiona graves daños.
- **Introducción en los estilos de vida de las zonas rurales:** las empresas del sector buscan zonas naturales, que suponen un especial atractivo para el cliente pero, al mismo tiempo, están invadiendo determinados espacios naturales.

En resumen, se puede confirmar que la industria hostelera produce impactos en el medioambiente, a través de:

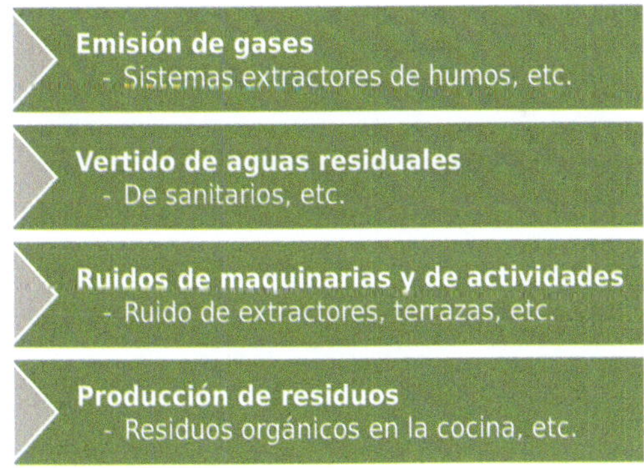

TAREA 7

Observa las siguientes imágenes:

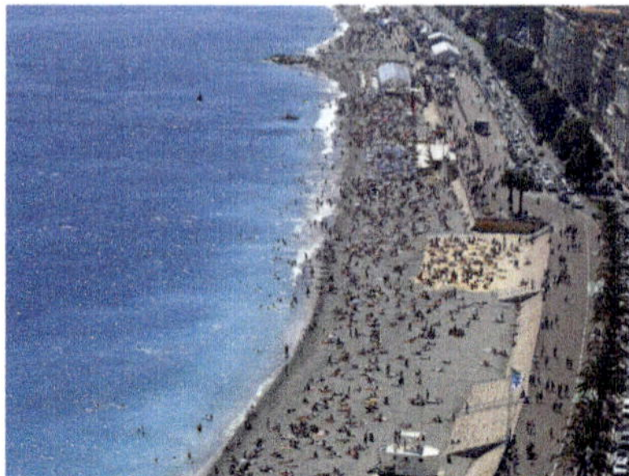

Playas

A partir de las mismas, reconoce los efectos ambientales provocados por la actividad hostelera, justificando qué repercusión ha tenido la intrusión del turismo en la zona en relación a los residuos, contaminantes y otras afecciones originadas por la actividad desarrollada.

3. Tratamiento de residuos

HILO CONDUCTOR

En el restaurante La Fuente se pretende ser más responsable con el medioambiente y seleccionar correctamente los residuos para depositarlos en el contenedor correspondiente. Así, los restos de comida y alimentos que se tiren se depositarán en el contenedor marrón; los botes de vidrio y botellas se depositarán en el contenedor verde; los envases de plástico, latas y *brik* se depositarán en el contenedor amarillo; y los envases de papel y cartón se depositarán en el contenedor azul.

Un residuo es cualquier **producto en estado sólido, líquido o gaseoso, que proviene de un proceso de extracción, transformación o utilización,** por lo que se requiere de un sistema adecuado de gestión y tratamiento, pudiendo ser llevado a cabo tanto a nivel municipal como personal, mediante su gestión eficiente, planteando soluciones más específicas como por ejemplo el uso en hoteles aislados de sistemas de compactación de residuos.

Los sistemas de compactación de residuos son muy utilizados por grandes empresas debido a sus ventajas medioambientales.

Definido el concepto de **residuo,** cabe preguntarse: ¿qué diferencia un sistema de gestión de residuos correcto de otro que no lo es?

La diferencia entre un sistema correcto o incorrecto de gestión de residuos es el tratamiento que se hace de estos, diferenciándose entre:

Destrucción de los residuos sin aprovechamiento

Destrucción de los residuos obteniendo un rendimiento

NOTA

Los elementos implicados en la gestión de los residuos son:

- Prevención de la contaminación.
- Aprovechamiento de recursos.
- Aspectos económicos.

3.1. Manejo de residuos y desperdicios

Desde que se generan los residuos sólidos urbanos hasta su fase final de tratamiento, se llevan a cabo una serie de procedimientos. Todo ello se considera **gestión de residuos sólidos urbanos** y comprende los siguientes **ciclos:**

La **recogida** de este tipo de residuos consiste en recolectarlos para posteriormente trasladarlos a las plantas de tratamiento. ¿Qué tipo de recogida estamos propiciando?

Recogida no selectiva	Recogida selectiva
- Los residuos se depositan mezclados en los contenedores, sin ninguna separación.	- Los residuos se depositan por separado, en contenedores distintos, diferenciándose normalmente los destinados a papel, vidrio, envases, materia orgánica y residuos no reciclables.

NOTA

El sistema de recogida selectiva requiere de la implicación del personal del establecimiento. En caso contrario, se puede dañar la recogida de la zona.

Para llevar a cabo la recogida selectiva es necesario seguir el Plan Nacional Integral de Residuos de España, en la que se desarrolla la política de prevención de residuos, identificando una línea estratégica basada en la reducción de cantidad de residuos, reutilización y alargamiento de la vida útil de los productos, reducción del contenido de sustancias nocivas en materiales y productos y reducción de los impactos adversos sobre la salud humana y el medioambiente de los residuos generados, así como la clasificación en base al color indicado en su clasificación, diferenciando:

Contenedor verde
- **Se puede tirar:** envases y botellas de vidrio.
- **No se puede tirar:** espejos, vidrios, restos de cerámica, bombillas, vidrios planos.

Contenedor azul
- **Se puede tirar:** envases y cajas de cartón, periódicos, revistas, bolsas de papel, folios, papel de regalo, etc.
- **No se puede tirar:** papel y material sucio (servilletas con grasa, caja de pizza, etc.), *tetrabricks*, papel de aluminio.

Contenedor amarillo
- **Se puede tirar:** envases de plástico, latas de bebidas y conservas, *tetrabricks*, chapas, latas de metal, papel de aluminio, etc.
- **No se puede tirar:** juguetes, tubos, cintas de vídeo o CD.

Continúa en página siguiente >>

<< Viene de página anterior

Contenedor marrón (orgánico)

- **Se puede tirar:** sustancias de origen vegetal y/o animal, susceptibles de degradarse biológicamente. Restos de carne, pescado, pan, fruta, verdura, marisco, frutos secos, corcho, posos de café, servilletas y papel de cocina.
- **No se puede tirar:** restos de barrer, pelo, pañales y excrementos.

Contenedor gris (restos)

- **Se puede tirar:** resto de productos no clasificados, así como los no destinados al punto limpio, o los clasificados de forma específica, se puede tirar los restos de barrer, pelo, pañales...
- **No se puede tirar:** productos destinados al resto de contenedores o punto limpio.

NOTA

Para la eliminación de productos como aceite, pilas, muebles, electrodomésticos, etc. se deberá hacer uso del Punto Limpio más cercano gestionado normalmente por el ayuntamiento de tu ciudad o bien contar con la colaboración de empresas especializadas en la retirada de dichos productos.

A continuación podrás ver cuáles son los símbolos utilizados para identificar el tipo de reciclaje al que son sometidos los envases:

- Este símbolo indica que la empresa productora cumple la ley de residuos.

- Indica que el consumidor debe responsabilizarse de deshacerse de él en un lugar adecuado.

Continúa en página siguiente >>

<< *Viene de página anterior*

- Representa que el producto es reciclable o realizado con material reciclado.

- Indica que en un tanto por ciento es de material reciclado.

PET (Polietileno)
- Plástico típico para alimentos y bebidas.

HDPE (Polietileno de alta densidad)
- Plástico para los envases de productos de limpieza.

PVC (Polivinilo)
- Botellas, material médico, ventanas, etc.

LDPE (Polietileno de baja densidad)
- Plástico para bolsas, algunas botellas

PP (Polipropileno)
- Resistente a temperaturas altas. Se usa para contener líquidos y alimentos calientes.

PS (Poliestireno)
- Para platos y vasos de usar y tirar.

Otros
- Se usan para DVD, gafas de sol, envases de alimentos, etc.

Continúa en página siguiente >>

<< Viene de página anterior

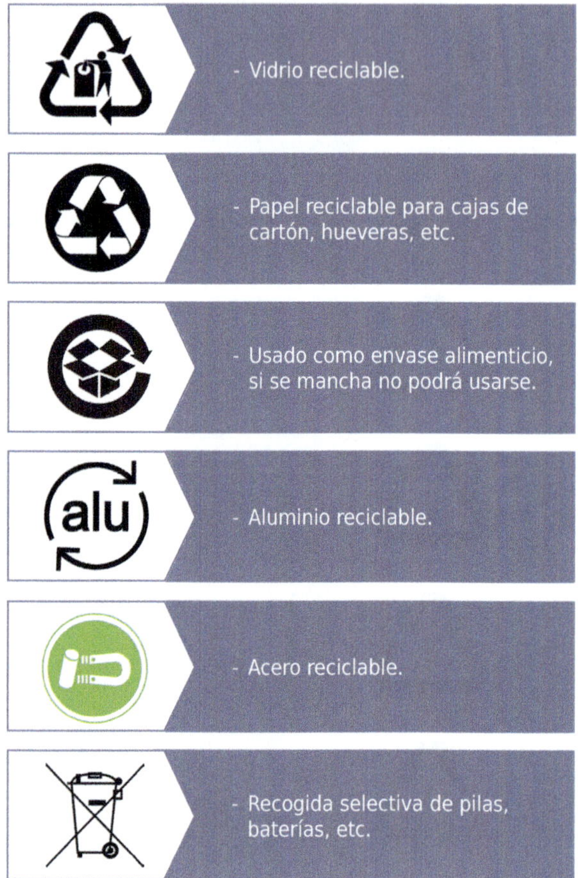

VÍDEO

Observa el siguiente vídeo, donde dan las claves para entender los símbolos de reciclado:

Continúa en página siguiente >>

<< Viene de página anterior

https://redirectoronline.com/mf07110302

ACTIVIDAD 6

Como trabajador de un establecimiento de hostelería debes conocer cómo llevar a cabo una correcta clasificación de los distintos residuos con el fin de contribuir a su reciclado. Dados los siguientes productos, relaciónalos de acuerdo con su origen, estado, reciclaje y necesidad de depuración.

a. Contenedor azul
b. Contenedor marrón
c. Contenedor amarillo
d. Contenedor verde
e. Contenedor gris
f. Punto limpio

1. Botellas de detergentes y desinfectantes
2. Restos orgánicos de comida devueltos por la clientela
3. Documentos gestión administrativa
4. Embalajes de cartón
5. Bolsas y plásticos de embalado
6. Botellas de vino
7. *Tetrabrik* de diferentes salsas
8. Cubo de plástico
9. Fregona, cepillo y estropajo viejos
10. Restos de copas y vajilla rotas
11. Aparador de madera de grandes dimensiones
12. Silla y mesa rotas
13. Dos bombillas fundidas
14. Microondas roto

3.2. Tipos de residuos generados

Los residuos pueden clasificarse de diversos modos: según su estado físico y según su procedencia:

Estado físico

A continuación realizamos una clasificación de los residuos más característicos:

- **Residuos peligrosos:** requieren un tratamiento específico, pues si bien no se producen en gran cantidad, provocan importantes daños ambientales.
- **Residuos asimilables a urbanos:** principal tipo de residuo producido por la actividad hostelera, debido a la gran cantidad que genera. Se gestionan mediante la separación en origen y recogida selectiva. Como hemos descrito con anterioridad, orgánicos (restos crudos y cocinados procedentes de cocinas); papel y cartón (envases y embalajes de papel y cartón); vidrio (botellas de cava, vino, licor, etc.), envases ligeros (botellas de plástico, latas, aluminio, brik, etc.) y otros restos plásticos (envases y embalajes).
- **Residuos voluminosos:** muebles y maquinaria, bien por desgaste o por cambio. Lo recogerán a domicilio o bien lo depositaremos en un punto limpio.
- **Residuos de demolición:** producidos por obras menores o mayores, para ellos hay una recogida específica y se debe consultar con el Ayuntamiento.
- **Residuos peligrosos:** requieren un tratamiento específico, pues si bien no se producen en gran cantidad, provocan importantes daños ambientales.

3.3. Residuos sólidos y envases

Los residuos sólidos y envases urbanos se definen como los residuos generados en los domicilios particulares, comercios, oficinas y servicios, así como aquellos que no tengan la calificación de peligrosos.

Así, se clasifican como residuos urbanos:

- Residuos procedentes de la limpieza de vías públicas, zonas verdes, áreas recreativas y playas.
- Muebles, enseres y vehículos abandonados.
- Residuos y escombros procedentes de obras menores.

Los materiales característicos generados como residuos sólidos son:

- **Vidrio:** son los envases de botellas de vino, cava, etc.
- **Papel:** periódicos, envases de papel.
- **Cartón:** embalajes de cartón.
- **Restos orgánicos:** restos de comida, jardinería, etc.
- **Plásticos:** en forma de envases.
- **Textiles:** procedentes de mantelerías, elementos decorativos del establecimiento, etc.
- **Metales:** latas, restos de herramientas, etc.
- **Madera:** en forma de muebles mayoritariamente.
- **Escombros:** procedentes de pequeñas obras.

3.4. Emisiones a la atmósfera

El sector hostelero no genera una cantidad significativa de sustancias peligrosas a la atmósfera, en relación con otras fuentes de contaminación, pero a nivel local, las emisiones de varios establecimientos, podrían empeorar la calidad del aire, provocados por los denominados **gases de efecto invernadero.**

La emisión de gases con efecto invernadero se producen por:

Combustibles fósiles
- Uso de fuentes de energía procedentes de combustibles fósiles.

Clorofluorocarburos
- Producción de clorofluorocarburos a través del uso de aerosoles en la limpieza de instalaciones.

Elementos químicos
- Los elementos químicos más comunes son el nitrógeno y el dióxido de azufre proveniente principalmente del uso de calefacciones y de las emisiones procedentes del transporte de viajeros.

ACTIVIDAD COMPLEMENTARIA

4. Busca información sobre contaminaciones reales producidas por alimentos en torno a establecimientos hoteleros y describe las consecuencias producidas a partir de dicha contaminación.
 ¿Qué irregularidades suelen cometerse? ¿Podrías citar algunos ejemplos característicos?

3.5. Vertidos líquidos

El uso de **detergentes y productos de limpieza** relacionados con el sector turístico provoca que se vierta gran cantidad de contaminantes en estado líquido.

Esta situación se agrava cuando la situación del establecimiento no está incluida en una estación de depuración de aguas residuales, vertiendo sus residuos directamente a las aguas del mar o a una fosa séptica filtrando las aguas al subsuelo.

Por tanto, para conservar un **equilibrio ecológico** necesitamos depurar las aguas residuales como paso previo a ser vertidas a mares, ríos o cualquier otra masa de agua.

DEFINICIÓN

Depurar
Transformar la materia orgánica y otros contaminantes presentes en el agua residual, en sólidos sedimentables fáciles de separar.

TAREA 8

Ya sabes que para la recogida y gestión de los residuos se puede partir de una recogida selectiva o no selectiva, siendo dos procesos bien diferenciados, que afectarán al tratamiento posterior de los residuos.

Describe las técnicas de recogida, selección, reciclado, depuración, eliminación y vertido de residuos generados comúnmente en un establecimiento de hostelería. Justifica la respuesta, exponiendo a partir de unas necesidades concretas un proceso completo.

TAREA 9

Ante la entrega de un proyecto de construcción de un establecimiento hotelero, el responsable de urbanismo indica que el proyecto no es viable, ya que las indicaciones sobre gestión de residuos no aseguran su correcto procesamiento.

Como gestor y para llevar a cabo una correcta eliminación de los residuos, explica los procedimientos y sistemas adecuados para una correcta gestión y eliminación de los residuos propios de la actividad de hostelería, teniendo presente que el hotel se encuentra fuera del núcleo urbano, con lo que conlleva la caracterización de dicha gestión.

4. Normativa aplicable sobre protección ambiental

HILO CONDUCTOR

El restaurante La Fuente actúa conforme a la ley en los temas relacionados con protección ambiental y residuos, por ello, han tenido que estudiar detalladamente la normativa propia de su comunidad, adaptando las instalaciones en base a las indicaciones dadas, llevando a cabo los procesos que indica la normativa en base al respeto del medioambiente y gestión de los residuos.

La actividad hostelera en España es uno de los principales motores económicos del país. Su desarrollo es tal, que la normativa a aplicar en relación a la protección ambiental se refleja tanto a nivel europeo como nacional, autonómica e incluso a nivel local, siendo los propios ayuntamientos los encargados de establecerla, atendiendo a las características propias de la zona.

La normativa aplicable define y recoge desde los recursos materiales utilizados o los residuos que se generan, hasta la ocupación del espacio, la gestión de los recursos disponibles y la gestión de la contaminación y de los residuos.

Algunas de las **normas a destacar,** son entre otras:

- **Reglamento** (CE) **n.° 1221/2009** del Parlamento Europeo y del Consejo de 25 de noviembre de 2009 relativo a la participación voluntaria de organizaciones en un sistema comunitario de gestión y auditoría medioambientales (EMAS).
- **Reglamento** (CE) **n.° 66/2010** del Parlamento europeo y del Consejo de 25 de noviembre de 2009 relativo a la etiqueta ecológica de la UE, debiendo tener presente sus modificaciones mediante el Reglamento 2017/1941, de 24 de octubre y Reglamento 782/2013, de 14 de agosto.
- **Real Decreto Legislativo 1/2016** de 16 de diciembre, por el que se aprueba el texto refundido de la Ley de prevención y control integrados de la contaminación.
- **Real Decreto 815/2013,** de 18 de octubre, por el que se aprueba el Reglamento de emisiones industriales y de desarrollo de la Ley 16/2002, de 1 de julio, de prevención y control integrados de la contaminación, debiendo considerar además, la normativa que lo modifica, siendo representativo el Real Decreto 34/2023, de 24 de enero.

- **Ley 21/2013,** de 9 de diciembre, de evaluación ambiental, considerando además la Ley 9/2018, de 9 de diciembre.
- **Ley 7/2022**, de 8 de abril, de residuos y suelos contaminados para una economía circular.

La importancia de una buena gestión ambiental en torno a la actividad de hostelería es tal, que desde los ministerios correspondientes, han desarrollado algunas guías de buenas prácticas.

PARA SABER MÁS

Accede al siguiente enlace para consultar una de las guías desarrolladas por el ministerio correspondiente con el fin de hacer cumplir la normativa vigente, llevando a cabo una adecuada gestión y protección sobre protección ambiental.

Guía de buenas prácticas ambientales: Hostelería y Ocio

https://redirectoronline.com/mf07110304

5. Otras técnicas de prevención o protección

HILO CONDUCTOR

Uno de los puntos más importantes a la hora de ayudar al medioambiente, es la prevención de residuos. Por ello, el restaurante La Fuente sigue una serie de premisas que evitarán la producción masiva de residuos y propiciarán una protección ambiental mayor:

- Utilizan productos reutilizables en la medida de lo posible, sustituyendo así los de un solo uso.
- Evitan el desperdicio de alimentos y fomentan el consumo responsable.
- Usan embalajes fabricados con materias primas renovables y reciclables.
- Aplican medidas de planificación para fomentar el uso eficiente de los recursos.

Según el Plan Nacional de Residuos Urbanos, se entiende por prevención y minimización al **conjunto de medidas destinadas a conseguir la reducción en la producción de residuos** urbanos así como de la cantidad de sustancias peligrosas y contaminantes presentes en ellos.

Para ello, es necesario actuar en las siguientes etapas del proceso:

Fabricación
- Aquí se puede reducir su peligrosidad, volumen y peso. Es preciso diseñar el producto de manera que se facilite su reutilización y reciclaje.

Transporte
- Disminuyendo en lo posible envases y embalajes innecesarios.

Consumo
- Favoreciendo la reutilización, la menor generación de residuos a través de cambios en los hábitos de consumo y la facilidad de separación.

IMPORTANTE

Una buena política ambiental debe basarse en principios de cautela y acción preventiva, antes que en acciones correctoras una vez producida la acción.

5.1. Programa Estatal de Prevención de Residuos

Según el Programa Estatal de Prevención de Residuos, presentado por el ministerio correspondiente las **medidas globales** a adaptar en los establecimientos hosteleros con el fin de propiciar la protección ambiental son entre otras:

- Aplicar medidas de planificación con el fin de fomentar la **utilización eficiente** de los recursos.
- Adquirir productos más limpios y con menos residuos.
- Establecer planes u objetivos de **prevención de residuos,** o que corrijan los productos o embalajes que generen residuos.
- Sustitución de productos de un solo uso cuando existan productos reutilizables alternativos.
- Promoción de **etiquetas ecológicas** y sistemas de certificación forestal acreditables.
- Acuerdo para la producción de productos con menor impacto medioambiental.
- Promoción de la **reutilización de productos** o preparación para la reutilización de productos desechados.
- Fomento de la utilización de **envases reutilizables,** la integración de criterios ambientales y de prevención de residuos en la contratación de materiales y servicios.
- Medidas para la **disminución del consumo** de productos envasados.
- Evitar el desperdicio de alimentos y fomentar el **consumo responsable.**
- Promoción del **uso responsable del papel.**
- Fomento del **consumo de servicios o bienes inmateriales** a través de campañas educativas.
- Fomento de la venta y **consumo de alimentos frescos** a granel reduciendo la generación de residuos de envases.
- Usar envases y **embalajes fabricados con materias primas renovables, reciclables y biodegradables.**

PARA SABER MÁS

Consulta en el siguiente enlace ministerial en el que se facilitan los planes y estrategias relacionadas con la prevención en torno a la calidad y evaluación ambiental.

https://redirectoronline.com/mf07110309

5.2. Las cuatro "erres"

En los últimos tiempos se ha extendido la designación de "las cuatro erres", que atienden a cuatro conceptos clave: Reducción, Reutilización, Reciclaje y Recuperación energética.

Reducción

Debemos ser capaces de prolongar la vida útil de los productos, reparándolos cuando sea posible y reutilizándolos, reduciendo de este modo la producción de residuos urbanos.

Para conseguir el objetivo de reducir la producción de residuos urbanos se ha creado el **Plan de Residuos Urbanos,** que arbitra una serie de medidas que ejemplifican muy bien lo que se debe hacer en este campo:

1. Acuerdos entre la administración y los sectores productivos implicados.
2. Fomento de la recuperación y reutilización en origen a través de planes empresariales de prevención.
3. Normativas que prioricen la minimización de ciertos residuos peligrosos.
4. Adopción de sistemas que graven el exceso en la producción de residuos y repercutan el coste de la correcta gestión de los residuos en las tasas de basuras.

5. Fomento del I+D orientado a mejorar la reciclabilidad de los artículos y disminuir la peligrosidad de los residuos que se generan.
6. Desarrollo de campañas educativas y formativas orientadas a fomentar la minimización.

Reutilización

Los nuevos hábitos de consumo y los nuevos métodos de distribución, están haciendo desaparecer este sistema y aunque aún son utilizados en la distribución de bebidas y alimentos líquidos, su porcentaje es menor, teniendo como principal **problemática:**

> Desde el **punto de vista ecológico,** es deseable la reutilización del vidrio, pero si los envases para su reutilización deben ser transportados el coste ecológico alcanza y supera el del reciclado.

> Un envase reutilizable debe ser más robusto, por tanto su vida útil debe tener un número mínimo de ciclos de consumo para que sea rentable desde el punto de vista ecológico.

Reciclaje

Se define como la transformación de los residuos, dentro del proceso de producción, sea para su destino inicial o para cualquier otro fin.

El reciclaje conlleva unas fases industriales que parten de unos residuos originarios y los someten a **tratamientos físicos, químicos o biológicos.** Como resultado, obtendremos una serie de materiales que se introducen nuevamente en el proceso productivo.

Para que los productos reciclados sean de calidad, es muy importante la recogida y clasificación, así evitamos contaminaciones.

Recuperación energética

Los materiales que, por su naturaleza, estado, etc., no son reciclables, se pueden valorar mediante su **combustión controlada en plantas de incineración,** para producir energía.

Existe un porcentaje de materiales que ni siquiera sirven para producir energía. Estos, al igual que las cenizas generadas en el proceso anterior, deben terminar en un **depósito de seguridad,** ya que se trata de materiales peligrosos.

5.3. Parámetros que posibilitan el control ambiental en los procesos de hostelería y de depuración de residuos

Para **conocer los niveles de contaminación** producidos en torno a los establecimientos hosteleros y las necesidades o requisitos de su depuración, se deberá tener presente el ya citado **Programa Estatal de Prevención de Residuos,** y establecer unas **pautas correctas de actuación.**

Se deberá partir de la visita a las empresas, comprobando los niveles de residuos y necesidades de depuración o reciclado, ya que las pautas serán significativas y propias atendiendo a las características del establecimiento y a su oferta entre otros parámetros. Para ello, durante el **proceso de control,** se diferencian tres partes fundamentalmente:

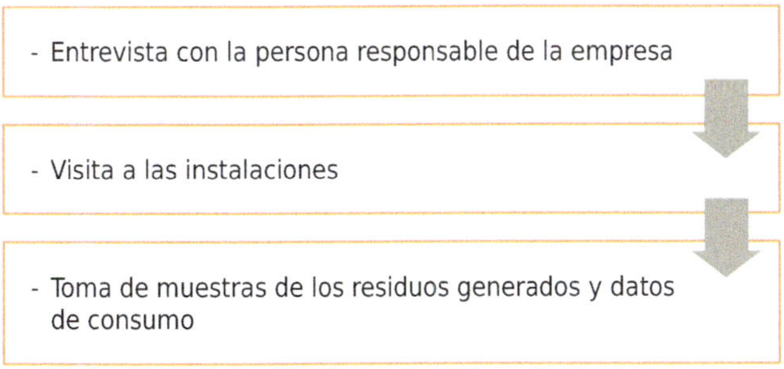

- Entrevista con la persona responsable de la empresa
- Visita a las instalaciones
- Toma de muestras de los residuos generados y datos de consumo

Los parámetros que deberán tenerse en cuenta con el fin de posibilitar el control ambiental de un establecimiento de hostelería son:

- **Consumo de agua:** deberá transmitirse tanto al cliente como al personal la importancia del aprovechamiento del agua.
- **Consumo o rendimiento de la materia prima utilizada:** está relacionado con su calidad, tamaño o formato del producto adquirido, pudiendo presentar desde una merma mínima hasta incluso mermas de más del 50 %.
- **Consumo de electricidad y gas:** es uno de los gastos más importantes a controlar debido a los precios elevados que presentan.
- **Aprovechamiento de materias primas:** la materia prima es un bien preciado. Su correcto aprovechamiento influirá en el precio final de venta al público permitiéndonos ser más competitivos.
- **Consumo de productos de limpieza y desinfección:** su uso correcto está establecido en el etiquetado, debiendo ser respetado en todo momento con el fin de conseguir un rendimiento óptimo del producto.
- **Gestión de residuos:** el correcto tratamiento de los residuos comienza en la empresa, debiendo contar con los medios necesarios para su gestión.
- **Uso y mantenimiento de instalaciones:** es crucial, debiendo tener establecido tanto un mantenimiento preventivo como correctivo.
- **Adaptación de instalaciones:** la instalación de economizadores de agua, uso de electrodomésticos de bajo consumo, uso de bombillas led, la instalación de aislantes térmicos o energías renovables, mostrarán a medio y largo plazo una reducción energética importante.

Como has visto, para hacer posible el control ambiental deben controlarse una serie de parámetros.

Por ejemplo, con el fin de **reducir el consumo de agua** de un establecimiento, se establecen las siguientes **medidas:**

- Revisión y control del consumo, mediante la revisión de la facturación y el número de clientes atendidos.
- Información hacia los clientes y empleados en relación a buenos hábitos de consumo responsable.
- Adquisición de electrodomésticos eficientes, suponiendo una importante reducción de consumo de agua y energía.
- Reducción de presión en la red principal de agua.
- Instalación de aireadores/perlizadores en grifos de servicios y cocina.
- Instalación de grifos con temporizador.
- Mecanismos de doble descarga en cisternas.

En torno a la **depuración de residuos** se deberá contar con los medios necesarios para su gestión, normalmente suministrado y gestionado por la Administración, aunque también puede llevarse a cabo de forma privada, siendo habitual en los establecimientos hosteleros rurales contar con sistemas de reciclado propios para la regeneración de residuos orgánicos y aguas.

IMPORTANTE

La Administración pone a disposición contenedores y servicios de recogida de residuos para su posterior tratamiento siendo responsabilidad nuestra llevar a cabo una adecuada separación en origen.

TAREA 10

Debido a la naturaleza y requerimientos específicos de conservación de los productos alimenticios, el aprovechamiento de los recipientes de comercialización no pueden ser reutilizados para la conservación o almacenamiento de otros productos, ya que se puede producir una contaminación química, transfiriéndose contaminantes al alimento conservado. Por tanto, el aprovechamiento de dichos recipientes es escaso, salvo en el caso de utilización para otras funciones, como por ejemplo para el desecho de basuras.

Dados los siguientes recipientes, realiza una jerarquización en relación a las medidas a adoptar para la protección ambiental en hostelería.

TAREA 11

Los hábitos actuales de consumo hacen que actualmente se genere mayor cantidad de residuos, siendo Estados Unidos el país que mayor cantidad de residuos genera, superando los dos kilos por persona y día.

Con el fin de propiciar el descenso de producción de residuos, disminuir el consumo energético y, con todo ello, obtener un mayor rendimiento del producto ofrecido, reconoce los parámetros que posibilitan el control ambiental y la depuración de residuos en los procesos propios llevados a cabo en un establecimiento de hostelería.

6. Resumen

La actividad hostelera, por el emplazamiento, ubicación, y actividad de servicio que proporciona, genera gran cantidad de residuos, que deben ser bien gestionados para que su incidencia negativa sobre el medioambiente sea la menor posible.

Una vez más se pone de manifiesto la importancia de la **concienciación del personal** que trabaja en este sector, así como de los propios usuarios de este servicio, cada vez más sensibilizados con la temática medioambiental, que no demandan solo buenas prestaciones en cuanto a la oferta de ocio, además se preocupan por el medio y por preservar los recursos naturales.

Existen diferentes **tipos de contenedores para los residuos** que se generan, haciendo posible la **separación y recogida selectiva** de los mismos.

El desarrollo económico de los establecimientos hosteleros e introducir mejoras o innovaciones medioambientales están en sintonía, y tienen objetivos comunes. Por ejemplo, el sector es consciente de la importancia de preservar espacios naturales, ya que en la mayoría de los casos ofrece estos espacios como reclamo para el cliente, de esta manera toma medidas para reducir el impacto ambiental, para satisfacer al cliente y trabaja en colaboración con otras administraciones.

Reducir, reciclar, reutilizar y recuperar, como vemos, se hace necesario si queremos reducir la incidencia ambiental que la hostelería produce en nuestro entorno.

Ejercicios de autoevaluación Unidad de Aprendizaje 3

1. Completa las siguientes frases:

La actividad turística se suma a otro tipo de actividades o industrias que agravan ______________________________.

Recursos como el agua son motivo de enfrentamientos sociales y su explotación ocasiona ______________________________.

2. Realizar vertidos a las aguas, ¿contribuye a su contaminación?

a. No.
b. Solo a las aguas continentales.
c. Solo cuando se vierten en el mar.
d. Sí, ya sean estas continentales o marítimas.

3. La industria hostelera produce impactos en el medio ambiente, a través de...

a. ... la emisión de gases y vertidos de aguas residuales.
b. ... los ruidos de maquinarias y de actividades.
c. ... la producción de residuos.
d. Todas las opciones son correctas.

4. Define qué es un residuo.

____
____
____
____

5. Identifica si las siguientes frases son verdaderas o falsas.

a. En la recogida selectiva los productos se depositan en un mismo contenedor.

- Verdadero
- Falso

b. El sistema de recogida selectiva requiere la implicación del personal del establecimiento.

- Verdadero
- Falso

6. ¿En qué contenedor depositarías para su reciclado una botella de vidrio?

a. Contenedor amarillo
b. Contenedor gris
c. Contenedor azul
d. Contenedor verde

7. ¿Qué residuos se producen en los establecimientos hosteleros?

a. Residuos asimilables a urbanos y voluminosos.
b. Residuos de demolición y peligrosos.
c. Residuos del jardín y de la cocina.
d. Los residuos producidos son los de las opciones a y b.

8. ¿Qué se define como la transformación de los residuos, dentro del proceso de producción, sea para su destino inicial o para cualquier otro fin?

a. Reciclaje
b. Reutilización
c. Reducción
d. Recuperación energética

9. Para conservar un equilibrio ecológico, ¿necesitamos depurar las aguas residuales como paso previo a ser vertidas a mares?

a. Sí
b. No

10. En los últimos tiempos se ha extendido la designación de "las cuatro erres". ¿Cuáles son los cuatro conceptos clave?

Unidad de aprendizaje 4

Gestión del agua y de la energía en establecimientos de hostelería

Contenido

1. Introducción
2. Consumo de agua
3. Consumo de energía. Ahorro y alternativas energéticas
4. Resumen

Objetivos

El objetivo específico de esta Unidad de Aprendizaje es:

→ Valorar la importancia del agua y de las fuentes de energía e identificar las medidas para su uso eficiente en las actividades de hostelería.

1. Introducción

Los establecimientos de hostelería se preocupan cada vez más de **mejorar y ofrecer nuevos servicios** a sus clientes, renovando sus infraestructuras, instalaciones y ofertas de ocio. Llevar a cabo estas mejoras, en la mayoría de los casos, supone **incrementar** considerablemente el **consumo de recursos tan importantes como el agua y otras fuentes de energía.**

Como consecuencia de este aumento de consumo, los costes de estos establecimientos han ido subiendo cada vez más, así que, llegados a este punto, los responsables del sector hostelero reclaman soluciones para **reducir el consumo energético,** de una manera sencilla, fiable y rentable.

Esta demanda de soluciones por parte de los responsables del sector, en muchos casos se acompaña de **estudios de rentabilidad** que aporten una visión del grado de inversión y del tiempo necesario para amortizar las mismas y poder ejecutarlas.

El agua es un recurso cada vez más escaso, y debemos cuidarlo como tal, pues es indispensable e irremplazable para el desarrollo de la vida.

El sector hostelero, gran consumidor de recursos energéticos, comienza a tomar conciencia de la importancia de rebajar su consumo, estudiando e implantando medidas en sus establecimientos, y teniendo en consideración las **energías renovables.**

Seguiremos las situaciones producidas en el restaurante La Fuente, en cuyas instalaciones se llevan a cabo varias premisas para conseguir un mayor ahorro de agua y energía.

2. Consumo de agua

HILO CONDUCTOR

Para que el consumo de agua no se vea disparado en el restaurante La Fuente, siempre intentan llevar a cabo ciertas medidas que ahorrarán un poco dicho consumo, sobre todo en la cocina. Para ello, incluyen reductores de caudal de agua en los grifos e incorporan trenes de lavado con recuperador de calor con

Continúa en página siguiente >>

<< Viene de página anterior

sistema de doble aclarado, por lo que ahorran coste energético. Además, solo ponen en marcha la maquinaria cuando sea necesario.

El agua es tanto un derecho como una responsabilidad, pues es un bien escaso y su uso deberá corresponder a principios de **mesura y ahorro,** estimándose que la dotación mínima de agua diaria por habitante es de 55 litros, correspondiendo a:

En cambio, **en los establecimientos de hostelería el consumo se dispara,** estando en torno a una media de 215-300 litros por persona y día, dato muy mejorable atendiendo a los medios e instrumentos diseñados actualmente para ello.

No solo la **regulación del consumo** es importante, sino que el **tratamiento al que es sometida el agua** también es fundamental, diferenciándose los tratamientos a los que se somete el agua potable y los tratamientos dirigidos a las aguas residuales depuradas, cada vez más aprovechables en los grandes complejos hosteleros en el mantenimiento de jardines y zonas exteriores.

Los **métodos destinados al tratamiento de las aguas** serán propios atendiendo al tipo de agua a tratar y el consumo al que va a ser dirigida, distinguiéndose entre los tratamientos destinados a las aguas potables y las aguas residuales.

El tratamiento de las aguas potables, requiere una secuencia de pautas, siendo:

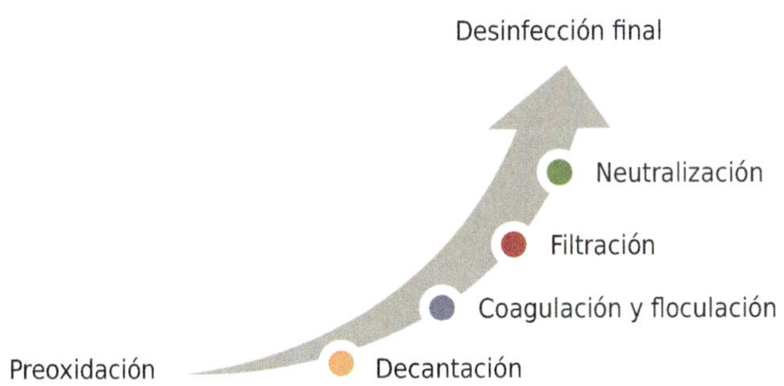

En relación al **tratamiento de las aguas potables,** el cloro es el elemento más utilizado, pero no el más eficaz, ya que el ozono es otro de los productos a tener presentes, teniendo un efecto de hasta 3000 veces superior y un tratamiento más rápido, produciéndose la oxidación de elementos inorgánicos y orgánicos, eliminando la turbidez, los olores, colores y sabores del agua tratada.

Otra técnica utilizada para la obtención de agua potable es la **desalación de agua de mar y salobre,** pero los altos consumos eléctricos y la gran cantidad de residuos que genera hace que esta técnica, no termine de desarrollarse, presentando costes de 0,45 €/m^3.

Por otro lado, el **tratamiento de las aguas residuales** diferencia entre el tratamiento tradicional, en el que se diferencian tres fases; y el tratamiento por medios biológicos. Con ambos tratamientos, se consigue depurar el agua obteniendo en su fase final un agua de gran calidad apta para utilizar en el riego de cultivos, parques y jardines.

El **tratamiento de aguas residuales por medios biológicos** es el más aconsejable, ya que presenta unos costos de construcción y mantenimiento menores que las plantas tradicionales, un menor impacto ambiental y una gran calidad en el agua obtenida, destinada para el riego de cultivos, parques y jardines.

En torno a la valoración de los distintos medios utilizados en el tratamiento de las aguas, habrá que perseguir el **máximo ahorro energético** en el proceso y la **máxima calidad en el agua** obtenida.

PARA SABER MÁS

Accede al siguiente enlace para consultar una guía práctica utilizada para el análisis del consumo y el uso eficiente del agua en hoteles:

https://redirectoronline.com/mf07110401

TAREA 12

Tras llevar a cabo un estudio del complejo hotelero para el que desarrollas tu trabajo, se observa que los niveles de consumo de agua están muy por encima de los registrados como media según el boletín informativo del Instituto Nacional de Estadística.

Las características del complejo hacen que la mayor parte del consumo de agua esté relacionado con el mantenimiento de las zonas comunes, jardines e instalaciones destinadas a campos de golf.

Identifica y valora qué tipo de agua se podría incluir en el desarrollo de las actividades llevadas a cabo y qué método de tratamiento del agua impondrías para el desarrollo del tratamiento de agua obtenida de pozos cercanos a tus instalaciones. Justifica tu respuesta.

2.1. Buenas prácticas ambientales en el uso eficiente del agua

Tanto la **elección del agua** a utilizar en relación a las necesidades de consumo como los medios de que se disponen para su **distribución y uso,** son aspectos a considerar, ya que afectarán a los datos finales de consumo, indicando si su uso es o no eficiente.

Buenas prácticas en hoteles

En el **hotel** se deberán tener en cuenta los aspectos que se exponen a continuación.

Habitaciones

El gran consumidor de agua en las habitaciones es la ducha, seguida del inodoro y el lavabo, aunque en menor medida. Se deberá informar al cliente de los hábitos correctos del uso eficiente del agua. Siendo habitual el uso de un **folleto explicativo** presente en cada una de las habitaciones.

En cuanto a la **infraestructura y medios técnicos** se deberá considerar:

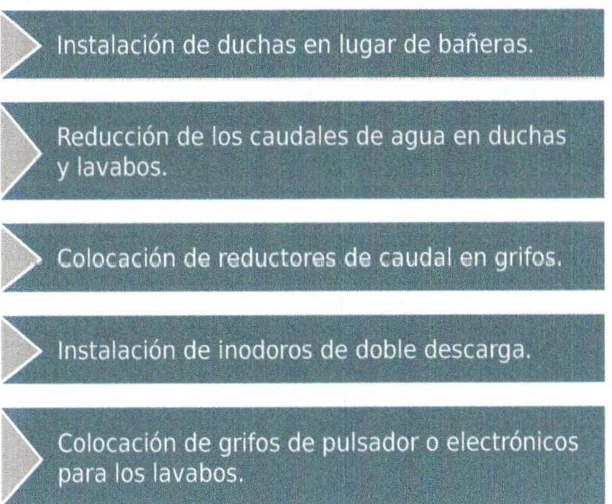

Sistema de producción de agua caliente sanitaria

El consumo energético provocado por la producción de agua caliente sanitaria se verá afectado por la **correcta distribución de la instalación,** permitiendo reducir al máximo las pérdidas en los conductos. Además, será sumamente importante concienciar al cliente sobre los efectos de esta producción, siendo un método habitual el uso de **carteles con mensajes informativos.**

En cuanto a la **infraestructura y medios técnicos** se deberá considerar:

- Instalación de colectores solares para la producción de agua caliente sanitaria.
- Comprobación de fugas en los sistemas de distribución.
- Aislado de tuberías por las que circula el agua caliente sanitaria.
- Utilización de sistemas de caldera centralizados con acumulador.
- Instalación de contadores en cada habitación, pudiendo controlar de forma más eficaz las fugas.

Refrigeración

El consumo de agua de las torres de refrigeración de un establecimiento hotelero, pueden llegar a suponer hasta el 30 % del total de consumo, por lo que el **correcto mantenimiento y control** de estas instalaciones será de suma importancia.

En cuanto a la **infraestructura y medios técnicos** se deberá considerar:

- Renovación de instalaciones por aparatos refrigerados por aire.
- Contar con una empresa de mantenimiento adecuada, ya que una correcta regulación, puede llegar a ahorrar hasta un 60 % de agua.
- Instalar sistemas de aprovechamiento de agua, pudiendo reutilizar el agua generada para el riego de jardines, etc.

Lavandería

El volumen de ropa sucia generada en un establecimiento de hostelería es muy importante, por lo que la elección de un **sistema adecuado para el lavado,** será fundamental para la reducción de consumo. Además, será fundamental concienciar a la clientela de la importancia del correcto uso de la lencería, sobre todo toallas mediante la colocación de **carteles informativos.**

En cuanto a los **medios técnicos y funcionales** a considerar, será fundamental:

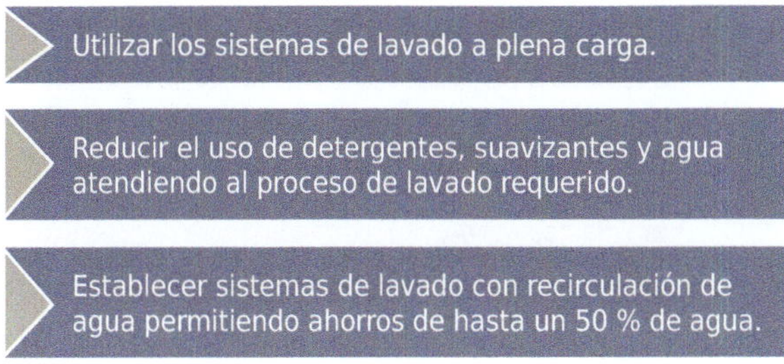

Zonas verdes

El consumo de agua realizado por los establecimientos hosteleros en relación al mantenimiento de las zonas verdes, es muy elevado, por lo que el **uso de un sistema adecuado y la elección de plantas autóctonas** pueden suponer grandes ahorros.

En cuanto a los **medios técnicos y funcionales** a considerar, será fundamental:

- Instalación de sistemas de riego por aspersión para zonas de césped.
- Instalación de riego por goteo o exudación, siendo este último el que permite mayores ahorros de agua.
- Instalación de programadores de riego, que facilitarán el riego nocturno.

Buenas prácticas en restaurantes

En el **restaurante** se deberán tener en cuenta los aspectos que se citan a continuación.

Aseos

La instalación de aseos es obligatoria en restaurante y bares, siendo protagonistas el inodoro y el urinario, por lo que cualquier **mensaje de buen uso** deberá estar orientado a tales elementos como por ejemplo "El inodoro no es una papelera, úseme correctamente".

En cuanto a los **medios técnicos y funcionales** a considerar, será fundamental:

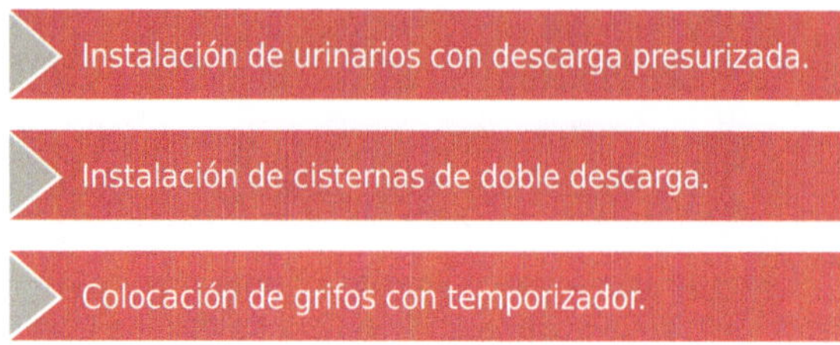

Cocina

La actividad desarrollada en las instalaciones de cocina (cocinar, limpiar, lavar alimentos, etc.) requiere de un gran consumo de agua y de energía, por lo que una de las pautas más importantes es **sensibilizar a los trabajadores de la cocina inculcándoles buenas prácticas** como: no descongelar alimentos bajo el chorro de agua, realizar una limpieza adecuada de los utensilios atendiendo a las necesidades y no aclarar la vajilla antes de introducirla en el lavavajillas, sino utilizar un cepillo para quitar los restos de comida adherida, etc.

En cuanto a los **medios técnicos y funcionales** a considerar, será fundamental:

- Incorporar trenes de lavado con recuperador de calor, reduciendo el coste energético, con sistemas de doble aclarado.
- Incluir reductores de caudal en todos los grifos.
- Seleccionar la energía adecuada para generar calor.
- Optimizar la maquinaria a utilizar, poniéndola en marcha solo cuando sea necesario.

Los perlizadores son unos aparatos que se colocan en los grifos, cuya misión es mezclar aire con agua, apoyándose en la presión y reduciendo el consumo de agua y energía.

Barra

Los electrodomésticos usados en la barra tienen como principal insumo el agua, presente tanto en las cafeteras como en los pequeños lavavajillas. Dicha maquinaria requiere de un **mantenimiento periódico,** fijado principalmente en la unión de tubos, evitando cualquier fuga.

En cuanto a los **medios técnicos y funcionales** a considerar, será fundamental:

- Instalación de grifos accionados con pedal, aumentando la higiene y el rendimiento.
- Utilizar lavavasos con un consumo no mayor a dos litros por ciclo.
- Utilizar máquinas de café con sistemas de recirculación de agua que permitirán un ahorro importante de agua.
- Utilizar máquinas de producción de hielo por refrigeración de aire, sustituyendo las máquinas que funcionan con circuito abierto de agua para su refrigeración.

Sistema de climatización

Muchos de los sistemas de climatización funcionan con agua, por lo que además de un excesivo consumo de energía, también hay que destacar el consumo de esta, siendo de vital importancia el **control de fugas o el aprovechamiento del agua** proveniente de la realización de las purgas.

En cuanto a los **medios técnicos y funcionales** a considerar, será fundamental:

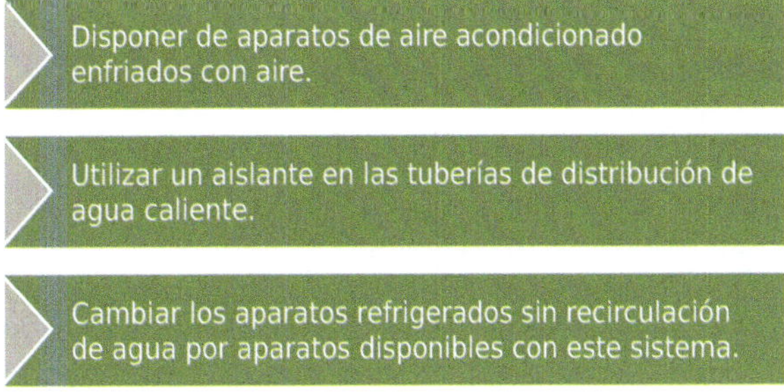

Lavandería

Los sistemas utilizados para el lavado de ropa deberán **ajustarse a las necesidades de lavado,** teniéndose como consumo de agua de 12 litros por kilo de ropa (ciclo normal). Al mismo tiempo habrá que ajustar la dosis de detergente utilizado en torno a la dureza del agua. Además, siempre que sea posible se debe evitar el prelavado, usar la función de media carga o el programa específico para cada tipo de ropa.

En cuanto a los **medios técnicos y funcionales** a considerar, será fundamental:

- Adquirir maquinaria con consumos de agua bajos.
- Utilizar lavadoras con sensores de turbidez que permiten ahorrar en tiempo de lavado y consumo de agua.
- Utilizar lavadoras con sistemas de detección de peso, ajustando el agua a la cantidad de ropa.
- Contemplar la posibilidad de utilización de lavadoras bitérmicas que tienen acceso al agua caliente sanitaria del edificio, evitando el calentamiento por resistencias eléctricas.

Operaciones de limpieza

La limpieza requerida por las zonas comunes requieren de un importante mantenimiento, actualmente mecanizado, teniendo como resultados un importante ahorro de agua, llegando casi al 90 % con algunas **máquinas hidrolimpiadoras.** Tan importante es la maquinaria utilizada como el personal de limpieza, por lo que será muy importante concienciarlo, haciéndoles ver que durante el proceso de limpieza habrá que realizar un uso responsable del agua.

En cuanto a los **medios técnicos y funcionales** a considerar, será fundamental:

- Contar con la maquinaria más actual, optimizando el consumo de agua y reduciendo el gasto en mantenimiento.
- Adquirir una máquina adecuada a nuestras necesidades, considerando las dimensiones de la zona a limpiar, el consumo de recursos como agua, energía o detergentes y la frecuencia de la limpieza a llevar a cabo.

PARA SABER MÁS

Accede al siguiente enlace para consultar una serie de recomendaciones en torno al uso eficiente del agua en hostelería.

https://redirectoronline.com/mf07110402

TAREA 13

El hotel para el que trabajas ha sido sometido a una reforma integral, dado que sus instalaciones tienen más de 40 años y muchos de los servicios requeridos por la clientela no estaban a la altura de la época en la que vivimos, por lo que cada vez era menos competitivo, bajando el volumen de actividad año tras año.

El proyecto se ha desarrollado con normalidad, incorporando nuevas zonas ajardinadas, con especies de distintas climatologías, integrando al mismo tiempo grandes estructuras, lo que ha hecho que se tenga que restaurar vieja maquinaria y útiles para cubrir los gastos generados, volviéndola a integrar como parte del mobiliario (lavadoras, maquinaria de cocina, grifería, etc.).

Continúa en página siguiente >>

<< Viene de página anterior

Las nuevas instalaciones, gozan ahora de un gran prestigio, pero los costes a asumir en relación al consumo de agua se han disparado, llegando incluso a multiplicarse por cinco, por lo que la nueva situación está llegando a ser casi insostenible.

Analiza las prácticas o decisiones llevadas a cabo por la dirección del establecimiento e identifica las buenas prácticas así como las actuaciones incorrectas, identificando posibles acciones que supongan la disminución de este insumo.

3. Consumo de energía. Ahorro y alternativas energéticas

HILO CONDUCTOR

Además de prácticas para el ahorro de agua, la cocina del restaurante La Fuente lleva a cabo algunas prácticas para el ahorro de energía, siendo las más importantes:

- Utilizan hornos de convección, los cuales aprovechan mejor la energía.
- Realizan un mantenimiento adecuado de las instalaciones, evitando fugas y pérdidas de energía.
- No usan la maquinaria de lavado a media carga.
- Apagan los equipos cuando concluyen el trabajo y los ponen en marcha cuando son necesarios.

Una preocupación de los establecimientos hoteleros es ofrecer **instalaciones confortables,** pero a su vez esto produce un incremento considerable en el consumo energético, lo que finalmente se traduce en un notable **aumento de los costes.**

Una vez vista la influencia de las acciones para ofrecer unas instalaciones confortables en el consumo energético, te proponemos la siguiente actividad.

ACTIVIDAD COMPLEMENTARIA

5. Reflexiona sobre cómo pueden ofrecerse unas instalaciones confortables sin que esto suponga un aumento de los costes.
   Para ello, atiende a las exigencias en torno a las instalaciones de placas solares fotovoltaicas y placas solares térmicas impuestas por el Código Técnico de la Edificación.
   ¿Crees que una instalación de este tipo es la solución? ¿Cuáles son los criterios más importantes a considerar con el fin de sacar el máximo provecho y rendimiento a una instalación?

3.1. Fuentes de energía en el establecimiento de hostelería. Buenas prácticas medioambientales

Los servicios dados en los establecimientos de restauración requieren del uso de medios energéticos, con el fin de producir un ambiente agradable, una iluminación suficiente, una limpieza y desinfección eficaz e incluso la transformación de los alimentos o productos a servir.

Para ello, pueden utilizar diferentes **tipos de fuentes de energía:** tradicionales y renovables.

Tradicionalmente los establecimientos de hostelería han consumido fuentes de energía basadas en el consumo eléctrico, suministrado a través de grandes compañías mediante la **red eléctrica nacional y consumo de gas y/o carbón.**

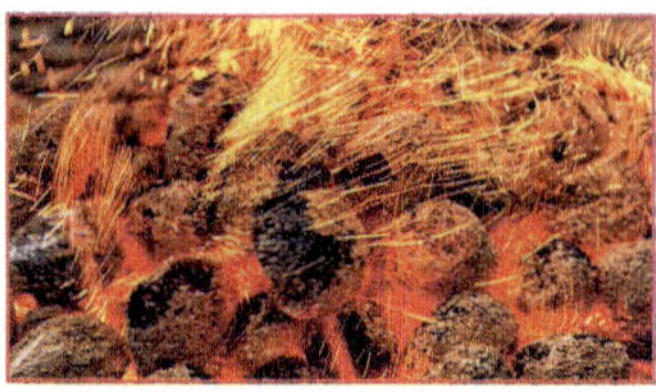

Generación de energía a través del carbón

Generación de energía mediante gas

Generación de energía en la red eléctrica

Generación de energía a través del gas butano o propano

Actualmente, cada vez son más los establecimientos de hostelería que se suman a la instalación de **generadores de energía renovable,** obteniendo de forma total o parcial la energía necesaria para el desarrollo de su actividad, reduciendo a medio y largo plazo el gasto generado por su instalación. Al mismo tiempo, el uso de **biocombustibles,** cada vez está más presente, siendo una energía más limpia; frente a las ya citadas tradicionales.

Así, la **instalación de placas solares** para agua sanitaria y la producción de energía eléctrica mediante placas fotovoltaicas cada vez es más común, al igual que el uso de **Biomasa, biogás y la energía eólica.**

La energía eólica mediante molinos de viento genera electricidad.

Continúa en página siguiente >>

<< Viene de página anterior

La energía solar produce electricidad suficiente.

La energía solar permite calentar el agua.

El biogás se genera por reacciones de biodegradación de materia orgánica.

La biomasa es la materia prima empleada en la fabricación de biocombustibles.

Cada una de las fuentes de energía presentadas, tiene una finalidad y requiere de unas instalaciones para su uso correcto. Hasta ahora, las **instalaciones de los establecimientos** hosteleros, estaban adaptadas al uso exclusivo de la electricidad suministrada a través de la red eléctrica o el uso de butano o gas natural.

Actualmente esta situación ha cambiado, llevándose a cabo grandes reformas en torno a la adaptación de las instalaciones a las nuevas necesidades de consumo, maquinaria y ahorro energético, estando relacionada sobre todo en torno a la creación de espacios para el almacenamiento e instalación de acumuladores.

Al mismo tiempo, la **maquinaria** existente actualmente también está desarrollada en torno a la utilización de estos nuevos medios de energía, persiguiendo un mayor aprovechamiento de la energía utilizada:

- **Piscina y *spa*:** el gas natural es la principal fuente de energía utilizada en el funcionamiento de las instalaciones de *spa*, mediante el cual se lleva a cabo el calentamiento del agua usada en este tipo de instalaciones. Al mismo tiempo, la energía eléctrica también será fundamental para el funcionamiento de la maquinaria destinada al movimiento del agua, depuración, etc.

- **Calefacción:** actualmente la energía eléctrica y las fuentes de energía renovables son los principales medios utilizados en la generación de calor, siendo los combustibles de biogás y biomasa los más económicos.
- **Iluminación:** actualmente la fuente de energía utilizada en el funcionamiento de este tipo de elementos es la energía eléctrica, quedando relegada la utilización de combustibles como el aceite, el carbón, etc. usándose solamente como elemento ornamental en algunos decorados especiales. En torno a este tipo de elementos, es muy importante la adquisición de los que presentan un consumo energético bajo, ya que normalmente, la partida destinada al consumo eléctrico suele ser muy importante.
- **Cocina central:** aunque siguen existiendo algunas cocinas clásicas, en las que la presencia de material orgánico como la madera o el carbón sirven como combustible para la producción de calor, el gas natural es la principal fuente de energía utilizada en las cocinas industriales actuales. Al mismo tiempo no hay que olvidar la implantación de cocinas de inducción, que mediante el uso de la energía eléctrica consiguen un rápido calentamiento, aprovechamiento de energía y comodidad de limpieza.
- **Horno:** son muchos los modelos existentes de hornos, relacionados principalmente con las fuentes de energía que usan, siendo el gas natural la fuente de energía más utilizada, mostrando una gran funcionalidad y ahorro energético, aunque no hay que olvidar los hornos de bóveda, hornos eléctricos, etc. en los que las fuentes de energía usadas son el carbón o madera y la electricidad.
- **Parrilla:** actualmente, las parrillas integradas en las cocinas centrales, usan como fuente de energía el gas natural, calentando piedras o elementos, que persiguen conseguir el efecto de las antiguas parrillas de carbón. En torno a las parrillas clásicas, indicar que la principal fuente de energía utilizada para su funcionamiento es el carbón, transmitiendo unas características únicas a los alimentos cocinados.
- **Pica con grifo:** el lavado y desinfección de los útiles, herramientas y menaje utilizado en el proceso de elaboración y servicio de la materia prima, genera un gran volumen, por lo que la instalación de agua caliente sanitaria, estará presente, mediante el uso del gas natural. Aunque no hay que olvidar que en pequeñas instalaciones o centros de trabajo también existe la posibilidad de contar con calentadores eléctricos o de butano, estando este último cada vez más en desuso.
- **Lavavajillas:** los lavavajillas tienen como principal fuente de alimentación para su funcionamiento la energía eléctrica, aunque no hay que olvidar que también requieren de una gran cantidad de agua, detergentes y desinfectantes para su correcto funcionamiento. Actualmente existen

modelos de lavavajillas que integran circuitos de agua caliente sanitaria, con lo que el gasto energético es mucho menor.

- **Cámaras frigoríficas, congeladores y abatidores de temperatura:** la fuente de energía utilizada en el funcionamiento de este tipo de maquinaria es la energía eléctrica, no existiendo ningún otro medio utilizado al respecto, por lo que será de vital importancia elegir maquinaria de bajo consumo energético.
- **Lavadora y secadora:** la fuente de energía utilizada en el funcionamiento de este tipo de maquinaria es la energía eléctrica, no existiendo ningún otro medio utilizado al respecto, por lo que será de vital importancia elegir maquinaria de bajo consumo energético. Al mismo tiempo es muy importante considerar los modelos de lavadora y secadora que utilizan el ACS (Agua Caliente Sanitaria) en sus circuitos no requiriendo energía eléctrica para el calentamiento del agua utilizada.
- **Dobladora:** la fuente de energía utilizada en el funcionamiento de este tipo de maquinaria es la energía eléctrica, no existiendo ningún otro medio utilizado al respecto, por lo que será de vital importancia elegir maquinaria de bajo consumo energético.
- **Centro de planchado:** la fuente de energía utilizada en el funcionamiento de este tipo de maquinaria es la energía eléctrica, no existiendo ningún otro medio utilizado al respecto, por lo que será de vital importancia elegir maquinaria de bajo consumo energético. Al mismo tiempo es muy importante considerar los modelos de centros de planchado que utilizan el ACS (Agua Caliente Sanitaria) en sus circuitos no requiriendo energía eléctrica para el calentamiento del agua utilizada.

Cuando se habla del **uso de energía eléctrica,** se tendrá presente que su generación dependerá del medio utilizado, pudiendo provenir de energías renovables como los molinos de viento, las placas fotovoltaicas o bien por mecanismos tradicionales como la combustión, saltos de agua o incluso la fusión de núcleos.

Dependiendo de esto, su **producción** se realizará de diferente forma y en diferentes tipos de centrales:

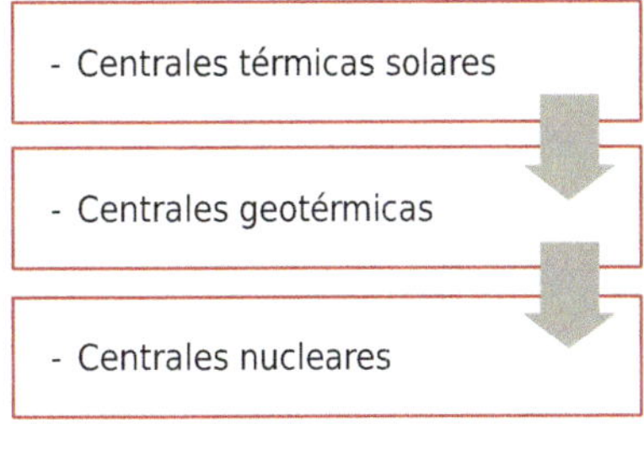

Continúa en página siguiente >>

<< Viene de página anterior

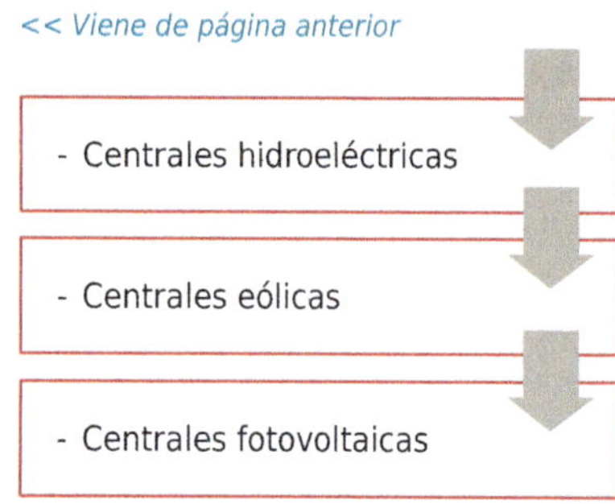

TAREA 14

Observa las siguientes imágenes en las que se detallan instalaciones y maquinarias propias de un establecimiento de hostelería:

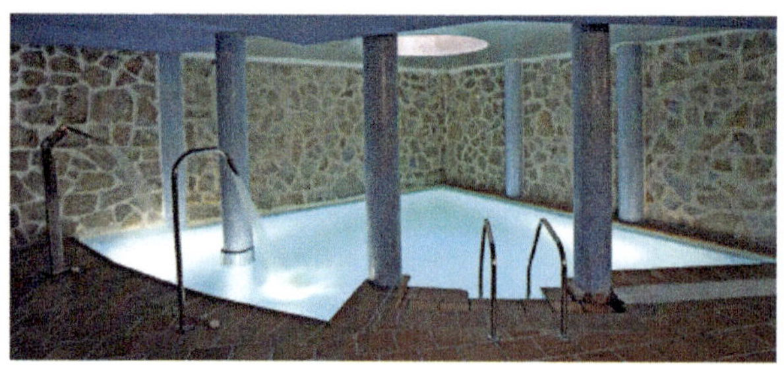

Continúa en página siguiente >>

<< *Viene de página anterior*

A partir de las mismas, relaciona el funcionamiento y utilización de instalaciones y maquinarias con la fuente de energía que necesita. Al mismo tiempo reconoce la posibilidad de la implantación de energías renovables para su uso.

Para usar de forma eficiente la energía es necesario adoptar unas **buenas prácticas medioambientales:**

- **Iluminación:** la iluminación se corresponde con un **porcentaje muy alto del consumo energético,** por lo que cualquier medida de ahorro a adoptar tendrá una influencia directa sobre los costes de funcionamiento. Se tendrán como **factores a considerar:**

    - La eficiencia de los dispositivos que componen el sistema.
    - El manejo de los sistemas utilizados.
    - Establecimiento de sistemas de control y disponibilidad de luz natural.
    - Régimen de mantenimiento, ya que un mantenimiento irregular podrá aumentar el consumo de energía.

- **Calefacción y aire acondicionado:** la mejor medida a tomar en torno al ahorro energético de calefacción y aire acondicionado es tanto la adquisición de **maquinaria de bajo consumo** energético como el diseño del establecimiento y los materiales de construcción. Así, reduciendo la demanda de energía, disminuirá el consumo. Al mismo tiempo, la implantación de **sistemas de movimiento en la habitación o de corte de suministro** ante aperturas de ventanas, serán otros de los sistemas a considerar, evitando el funcionamiento de estos cuando la habitación está vacía o bien cuando se abra alguna ventana de la habitación.
  La implantación de los sistemas tarjeta/llave ha posibilitado los sistemas de gestión de calefacción y aire acondicionado permitiendo un control de la temperatura en función de que la habitación se encuentre desocupada, reservada u ocupada.
- **Cocina y lavandería:** el volumen de producción de estos dos departamentos estará relacionado con su consumo energético, siendo muy importante:

    - Utilizar **equipos de bajo consumo** (placas de inducción y hornos de convección).
    - Usar maquinaria acorde a las necesidades de producción.
    - **Apagar los equipos** una vez haya concluido el trabajo, previniendo al mismo tiempo su puesta en marcha, evitando gastos innecesarios.

- Llevar a cabo un **mantenimiento** adecuado de las instalaciones, evitando fugas o pérdidas de energía o agua.
- Sustituir la energía eléctrica usada para el calentamiento del agua utilizada por la maquinaria por agua caliente de una instalación de energía solar o incluso de agua caliente sanitaria.
- **Recuperar los calores residuales** de agua caliente de los distintos ciclos de enjuague.
- Evitar el uso de la **maquinaria a media carga.**

La gestión de las empresas de lavado externas, hacen que en volúmenes determinados de lencería, sea rentable su contratación externa, por lo que se deberá considerar dicha opción.

- **Ascensores:** el consumo de energía de los ascensores es relativamente pequeño, aunque para conseguir ahorros energéticos relativamente importantes se deben adquirir aparatos con una **tecnología energética eficiente.**
- **Aprovechamiento de la luz diurna:** el diseño de las instalaciones será fundamental a la hora de llevar a cabo el aprovechamiento de la luz diurna, por lo que este deberá ser tenido en cuenta desde el primer momento. Otros aspectos a tener presentes son:

  - Usar **colores claros** en la decoración de los habitáculos.
  - Concienciar a los trabajadores de la importancia de **abrir las entradas de luz** de que se dispongan, evitando el uso de luz artificial.
  - Incluir en el diseño del establecimiento el **uso de cristal,** en lugar de elementos opacos.
  - Instalación de **automatismos** para la apertura y cierre de persianas, toldos, cortinas, etc.

- **Características constructivas:** la **demanda térmica** de un establecimiento dependerá de:

  - Las características constructivas del mismo, como la ubicación y orientación del edificio.
  - Los cerramientos utilizados en fachadas y cubiertas.
  - El tipo de carpintería, el acristalamiento y las protecciones solares.

Por ello será fundamental la imposición de un **aislamiento exterior** adecuado, minimizando además las pérdidas a través de los cerramientos del hotel, instalando cintas o selladores en los marcos y el uso de doble cristal con cámara de aire.

IMPORTANTE

La legislación vigente contempla la eficiencia energética, posibilitando su elección.

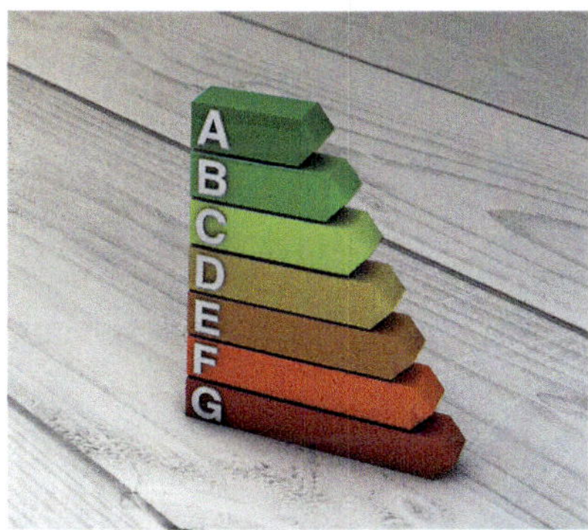

Tras haber estudiado las diferentes posibilidades en eficiencia energética te presentamos algunos ejemplos de su aplicación:

- Los automatismos ayudarán a reducir el consumo de energía eléctrica.
- La instalación de agua caliente sanitaria ayudará a ahorrar energía, pudiendo instalar calderas de biomasa, placas solares térmicas, etc.
- La instalación de sensores de movimiento y automatismos ayudará a reducir el gasto energético.
- Se deben adquirir aparatos con una tecnología energética eficiente.
- Cuando el cliente desayuna genera una gran cantidad de suciedad para el departamento de lavandería y cocina.
- El personal deberá llevar a cabo un correcto manejo de la maquinaria, proponiendo un adecuado mantenimiento. Se deberá contar con maquinaria eficiente.
- La instalación de maquinaria adecuada será fundamental, buscando al mismo tiempo el uso de energías renovables para su funcionamiento.
- Las características constructivas del establecimiento así como su ubicación y orientación afectarán al consumo energético total.

PARA SABER MÁS

Accede al siguiente enlace para consultar un artículo en el que se muestran restaurantes en los que su labor hacia el respeto del medioambiente les ha ayudado a contribuir con su reconocimiento.

https://redirectoronline.com/mf07110403

TAREA 15

Un complejo turístico ubicado en los Alpes Suizos, tiene serios problemas de competitividad, ya que tras seis meses de gestión, los datos que ofrece sobre el consumo de energía y agua, son muy superiores al resto de establecimientos de la zona, lo que provoca un aumento de precio en torno al uso de instalaciones y servicios dados, por lo que se ven abocados al cierre.

Continúa en página siguiente >>

<< Viene de página anterior

Ante esta situación, la empresa decide contratar a un gestor, para que detecte las posibles irregularidades cometidas hasta ahora y poder ofrecer una solución al problema.

Analiza las buenas prácticas en el consumo del agua y de la energía en un establecimiento de hostelería.

Explica dichas acciones en un programa de ahorro de agua y de energía, en el que se contemplen las medidas de seguimiento y control para intentar controlar el gasto producido, sabiendo que se trata de un establecimiento antiguo, que no tiene ningún sistema adoptado en torno al ahorro energético y además, su personal no posee los conocimientos adecuados sobre el uso correcto de las energías.

Al mismo tiempo, identifica posibles acciones que supongan la disminución del consumo, relacionando las medidas que puedes implantar para que repercutan positivamente en el ahorro de agua y energía y finalmente, valora la repercusión económica de la implantación de las pautas propuestas en torno al uso eficiente del agua y de la energía.

3.2. Mantenimiento preventivo y correctivo de las instalaciones. Evitar disfunciones

El uso continuado de las instalaciones, equipos, maquinarias y útiles produce de forma generalizada un deterioro, siendo necesaria la implantación de un sistema de mantenimiento preventivo y/o correctivo, evitando en la medida de lo posible el mayor número de disfunciones, que acarrearán irregularidades en los servicios y mayores costos para su reparación y reposición, teniendo además presente un mayor consumo energético.

Mantenimiento preventivo
Conservación de equipos o instalaciones mediante realización de revisiones y reparaciones que garanticen su buen funcionamiento y fiabilidad, aplicado en dispositivos que se encuentran en funcionamiento.

Continúa en página siguiente >>

<< Viene de página anterior

Mantenimiento correctivo
Corrige los defectos en los equipos o instalaciones, reparándolos para que vuelvan a estar en uso.

Un mantenimiento correcto reducirá los costos energéticos, oscilando entre el 10 y el 30 % de consumo de energía y además conseguirá unos estándares de calidad adecuados.

Por lo tanto, es necesario instaurar un **programa de mantenimiento preventivo y correctivo,** que se debe centrar en la descripción de un buen mantenimiento preventivo, ya que disminuirá la necesidad del mantenimiento correctivo.

Por ello, se debe establecer un **programa regular de mantenimiento,** incluyendo los siguientes puntos:

Sustitución de filtros
- Atendiendo a las recomendaciones del fabricante, así como mantener limpias las superficies de los intercambiadores, las rejillas y venteos en los conductos de aire.

Verificar los controles de funcionamiento
- Asegurando que están regulados adecuadamente.

Revisar las electroválvulas y compuertas de las instalaciones
- Comprobando que cierran y abren sin atascos.

Verificar los termostatos y humidostatos
- Para que regulen según lo establecido y trabajen adecuadamente.

Verificar el calibrado de los controles de los dispositivos
- Haciendo uso de pesos de calibración, o mecanismos que aseguren un correcto funcionamiento.

Revisar las calderas
- Junto con los equipos de combustión regularmente.

Continúa en página siguiente >>

<< Viene de página anterior

Detectar fugas de agua
- En conducciones, grifos y duchas y repararlas inmediatamente.

Limpiar ventanas y cristaleras
- Para obtener la máxima luz natural.

Limpiar dispositivos de iluminación
- Teniendo presente a su vez el reemplazo indicado según los intervalos recomendados por el fabricante.

PARA SABER MÁS

Accede en el siguiente enlace a un formulario de registro de incidencias y ficha integrada de mantenimiento/revisión de seguridad de equipos:

https://redirectoronline.com/mf07110404

Siguiendo todas las recomendaciones vistas se llevará a cabo la prevención de forma adecuada, evitando así, tener que aplicar medidas correctivas en la mayoría de los casos.

La implantación de un **sistema de mantenimiento preventivo** adecuado también incluirá la implantación de sistemas de gestión de energía.

Una correcta implantación de un sistema de mantenimiento persigue la obtención de un uso más racional de las instalaciones, ahorrando energía, reduciendo la mano de obra, reduciendo averías y prolongando la vida útil de los equipos.

Ante la complejidad de su implantación, indicar que se podrá llevar a cabo con la implantación de un sistema informático, que recibe información de horarios de encendido y apagado, consumos de energías, etc. e incluso con la implantación de sensores se podrá conocer la regulación de temperaturas, niveles de humedad, etc.

Beneficios de la implantación de un sistema de mantenimiento
Gestión racional de instalaciones
Aumento del confort
Aumento del ahorro energético
Disminución de las averías
Prolongación de la vida útil de los equipos
Ahorro en mantenimiento

IMPORTANTE

Un programa de mantenimiento preventivo correcto también incluirá la supervisión de las instalaciones energéticas evaluando sus consumos, siendo habitual en los establecimientos hosteleros los siguientes:

- Instalaciones de climatización
- Calderas
- Sistemas de alumbrado
- Consumo de agua
- Grupos de presión
- Instalaciones de seguridad
- Ascensores

3.3. Puntos críticos donde pueden presentarse disfunciones

Las instalaciones eléctricas, de gas, agua, biomasa, agua caliente sanitaria, etc., propias de un establecimiento de hostelería, deberán incluir en su mantenimiento preventivo la **revisión de los puntos críticos** donde pueden presentar disfunciones.

¿Sabes cuáles son esos puntos donde se pueden presentar disfunciones en torno a las instalaciones propias de un establecimiento de hostelería y qué medidas de mantenimiento se deberán contemplar?

A continuación se verán algunos **ejemplos** en los que se presentarán cada una de las posibles disfunciones presentes en las instalaciones propias de un establecimiento de hostelería.

Eléctrica

Las instalaciones eléctricas deben estar realizadas atendiendo a la normativa vigente. Los **principales puntos críticos** donde se pueden presentar disfunciones son:

- Empalmes en los diferentes puntos de suministro.
- Rotura de magnetotérmicos, por desgaste o sobrecarga.
- Terminales finales, debido a un uso incorrecto.
- Cuadros de suministro.
- Sobrecarga de un punto de suministro determinado por exceso de terminales.

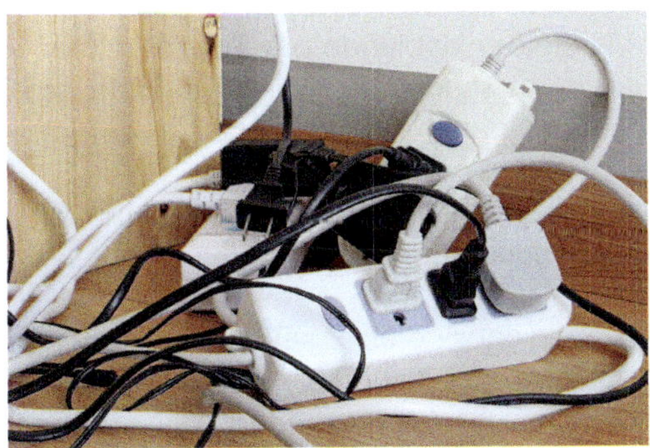

El mal uso de la instalación eléctrica propicia el riesgo de sobrecarga, incendios, etc.

De gas

Las instalaciones de gas, podrán presentar disfunciones en cada uno de los mecanismos que integran dichos circuitos, siendo muy importante llevar a cabo un **mantenimiento preventivo** en todas las uniones presentadas en la tubería que integra la instalación y en las válvulas de presión, purgas, depósitos acumuladores, cilindros de seguridad, manómetros y termómetros, etc.

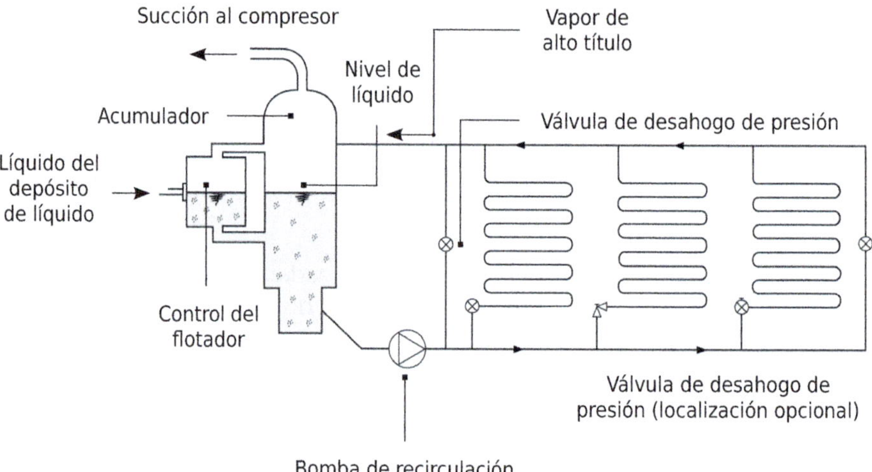

De agua

Las instalaciones de agua son unas de las más complejas en cualquier establecimiento hostelero, debiendo producirse un mantenimiento preventivo muy exhaustivo, revisando tanto válvulas, como codos, llaves de presión, manómetros, empalmes, tubos, llaves de cierre y depósitos.

Como **ventaja** a diferencia de otros sistemas, indicar que una posible fuga es fácilmente detectable.

También se deben considerar las **salidas del agua** representada por los grifos, alcachofas, sistemas de goteo, etc. ya que una pérdida de agua debida a un mal funcionamiento, puede generar una gran pérdida económica.

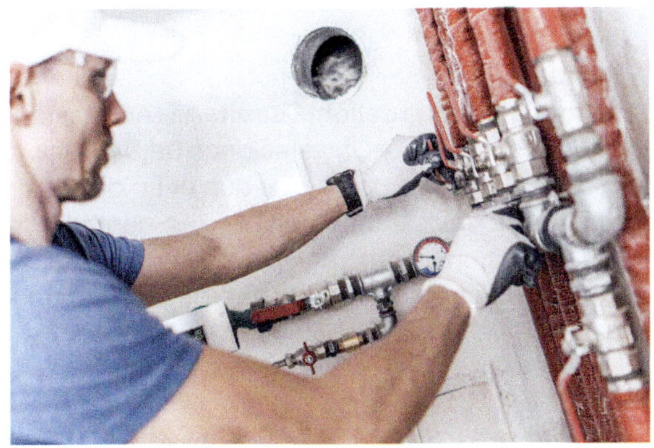

El mantenimiento preventivo de las instalaciones de agua es fundamental para evitar fugas que causarán grandes incidencias en la gestión del establecimiento.

De biomasa

Las instalaciones de biomasa están relacionadas con la instalación de agua, ya que será a través de estas por las que se transmita el agua caliente generada. Las **calderas** actuales de biomasa integran una tecnología limpia, por lo que con un correcto mantenimiento, no debe generar ningún problema. Los **elementos complementarios** a la instalación de biomasa, deberán ser también revisados, mostrándose las principales disfunciones debido a la acumulación de residuos del agua en los distintos elementos. Por tanto será de vital importancia la revisión de la bomba y mezcladora de caldera, el vaso de expansión, los depósitos de inercia y los diferentes colectores, sin olvidar la unión y salidas finales, detectando y evitando cualquier fuga.

Sistema de calefacción de biomasa

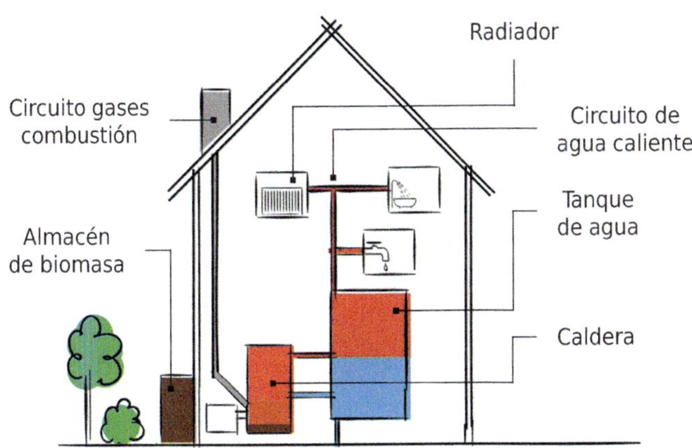

De agua sanitaria

Las **instalaciones de agua caliente sanitaria (ACS)** están relacionadas con las instalaciones de agua, las instalaciones de biomasa y las instalaciones de placas solares térmicas, por lo que con el fin de evitar cualquier disfunción, será necesario revisar las instalaciones, controlar la temperatura del acumulador, el funcionamiento del intercambiador y la correcta regulación de los medios utilizados como apoyo energético, pudiendo ser dispositivos de biomasa.

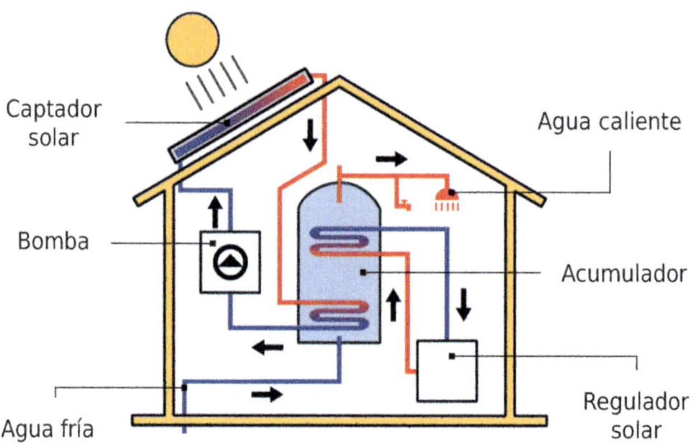

De placas solares térmicas

Las placas solares térmicas requieren un mantenimiento preventivo básico estipulado por el **Código Técnico de la Edificación,** estando a su vez relacionado su funcionamiento con los denominados circuitos de ACS, pues puede ser uno de los sistemas utilizados en la generación de calor.

El mantenimiento de este tipo de instalaciones será dependiente de los parámetros de diseño y prestaciones de las instalaciones.

En la **Orden FOM/1635/2013,** de 10 de septiembre, por la que se actualiza el **Documento Básico DB-HE «Ahorro de Energía»,** del Código Técnico de la Edificación, aprobado por Real Decreto 314/2006, de 17 de marzo, se recoge la descripción de las necesidades de mantenimiento, presentándose a través del siguiente enlace:

Mantenimiento de la instalación de placas solares térmicas

https://redirectoronline.com/mf07110405

De placas solares fotovoltaicas

Las placas solares fotovoltaicas requieren un mantenimiento preventivo básico estipulado por el Código Técnico de la Edificación, estando a su vez relacionado su funcionamiento con los denominados circuitos eléctricos, pues puede ser uno de los sistemas utilizados en la producción de energía.

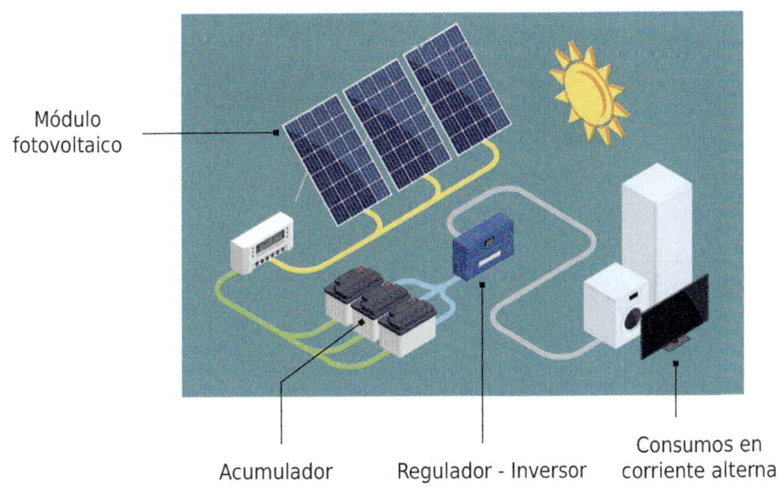

En la **Orden FOM/1635/2013,** de 10 de septiembre, por la que se actualiza el **Documento Básico DB-HE «Ahorro de Energía»,** del Código Técnico de la Edificación, aprobado por Real Decreto 314/2006, de 17 de marzo, donde se recoge las necesidades de mantenimiento de las instalaciones durante la vida de la instalación para asegurar el funcionamiento, aumentar la fiabilidad y prolongar la duración de la misma, entre otros contenidos.

TAREA 16

Las instalaciones hoteleras persiguen el bienestar de sus clientes, lo que conlleva el tener que adoptar los medios técnicos adecuados en torno a la regulación de temperatura, ambientación, etc., por lo que son muchos los dispositivos a adoptar y regular. Dada la siguiente imagen correspondiente a las instalaciones de una cocina y los distintos tipos de energía utilizadas en su funcionamiento, identifica las instalaciones eléctricas, de gas y otras, exponiendo además los puntos críticos donde se pueden presentar disfunciones. Finalmente, caracteriza un programa de mantenimiento preventivo y correctivo en torno a dichas instalaciones.

4. Resumen

Un **control exhaustivo del agua y las fuentes de energía** presentes en las actividades de hostelería, repercutirán en el correcto funcionamiento del establecimiento y no solo por el ahorro que supone, sino también por las repercusiones que podrán influir en el entorno. Por ello, no solo es importante una correcta **gestión del consumo de los recursos,** sino también de los **métodos relacionados con su tratamiento y producción,** tanto previo a su uso como tras este.

Tratamiento del agua potable previo a su uso	Tratamiento del agua residual tras su uso
- Preoxidación - Coagulación y floculación - Decantación - Filtración - Neutralización - Desinfección final	- Tratamiento tradicional - Tratamiento biológico

El consumo de agua y energía es inevitable en los procesos de servicio de los establecimientos hoteleros, pero su correcta gestión, uso de la infraestructura adecuada y medios técnicos son fundamentales debiéndose considerar desde la **infraestructura y medios técnicos** adecuados hasta los **hábitos del personal.**

En torno a las **fuentes de energía utilizadas** en los establecimientos de hostelería, hay que indicar que se diferencian las denominadas fuentes de energía tradicionales y las renovables.

Sea cual sea la energía usada, se debe tener presente que su utilización conlleva la necesidad de implantar un **programa de mantenimiento, diferenciándose entre sistema de mantenimiento preventivo y correctivo,** debiendo tener especial precaución con los **puntos críticos** donde pueden presentarse disfunciones como pueden ser los cuadros de suministros, empalmes de los circuitos, depósitos acumuladores, manómetros, calderas, etc.

Finalmente, es muy importante considerar que sea cual sea la energía utilizada, habrá que llevar a cabo un **uso eficiente** de esta, al igual que del agua, con el fin de producir el menor número de residuos y gasto energético. Para ello, se deberá concienciar tanto al cliente como a los empleados mediante notas informativas e incluso formación específica (personal) considerando al mismo tiempo los medios utilizados en la generación de dicha energía, siendo muy importante tener presentes las energías renovables y la utilización de maquinaria, herramientas y dispositivos de bajo consumo.

Es necesario realizar **campañas de información y formación** entre el personal de los establecimientos, es muy importante concienciar al personal y a los responsables de los mismos sobre las medidas a adoptar para un consumo responsable y adecuado tanto del agua como de la energía.

Es importante recordar que si los empleados no están comprometidos con llevar a cabo estas acciones, el plan para reducir consumos energéticos fracasará.

Una buena gestión del agua y de las fuentes de energía ayudará a reducir el apartado de costes, a la vez que hacemos un uso más responsable de estos recursos.

Ejercicios de autoevaluación Unidad de Aprendizaje 4

1. Ordena las pautas en el tratamiento de aguas potables.

a. Decantación
b. Filtración
c. Neutralización
d. Preoxidación
e. Coagulación y floculación
f. Desinfección final

2. ¿Por qué no debemos utilizar en las zonas ajardinadas y exteriores de establecimientos hosteleros plantas de otros climas?

____

____

3. ¿Cuál es la media de consumo de agua por persona en un establecimiento hostelero?

a. 35-55 litros
b. 55-100 litros
c. 100-150 litros
d. 215-300 litros

4. ¿Cuál de las siguientes buenas prácticas es correcta?

a. Plantar árboles en el jardín, plantas autóctonas.
b. Llevar un mantenimiento adecuado de las torres de refrigeración.
c. Instalar sistemas de aprovechamiento de agua, pudiendo reutilizar el agua generada para el riego de jardines.
d. Todas las opciones son correctas.

5. ¿Cuál de las siguientes acciones no se considera una buena práctica a desarrollar en los aseos?

a. Instalación de cisternas de una carga.
b. Instalación de urinarios de descarga presurizada.

c. Colocación de grifos con temporizador.
d. Colocar mensajes de buen uso, como: "El inodoro no es una papelera, úselo correctamente".

6. Las siguientes afirmaciones, ¿son verdaderas o falsas?

a. Los clientes de un hotel prefieren luz natural.

- Verdadero
- Falso

b. Una buena luz natural ahorrará energía al establecimiento hotelero.

- Verdadero
- Falso

c. El diseño y la construcción del hotel pueden influir en el consumo energético.

- Verdadero
- Falso

7. Identifica cuál de los siguientes tipos de energía se considera no renovable.

a. Generación de energía a través de gas
b. Energía eólica
c. Biomasa
d. Energía solar

8. A nivel medioambiental, ¿qué es más interesante?

a. El gas natural
b. El gasóleo
c. El carbón

9. ¿Cuáles son los sistemas de aprovechamiento solar?

____
____
____
____

10. La demanda térmica de un establecimiento dependerá de...

a. ... las características constructivas del mismo, como la ubicación y orientación del edificio.
b. ... los cerramientos utilizados en fachadas y cubiertas.
c. ... el tipo de carpintería, el acristalamiento y las protecciones solares.
d. Todas las opciones son correctas.

Unidad de aprendizaje 5

Buenas prácticas ambientales en los procesos productivos de establecimientos de hostelería

Contenido

1. Introducción
2. Compras y aprovisionamiento
3. Elaboración y servicio de alimentos y bebidas
4. Limpieza, lavandería y lencería
5. Recepción y administración
6. Mantenimiento
7. Resumen

Objetivos

El objetivo específico de esta Unidad de Aprendizaje es:

→ Valorar la importancia del agua y de las fuentes de energía e identificar las medidas para su uso eficiente en las actividades de hostelería.

1. Introducción

Los establecimientos de hostelería, cualquiera que sea su actividad y/o fórmula de restauración, (hoteles, restaurantes, etc.) por los servicios, volumen y consumo de los mismos, necesitan del **uso de gran cantidad de energía y de recursos** para dar un buen servicio a sus clientes. Lo que conlleva, en la mayoría de los casos, a producir una cantidad de **residuos y contaminantes agresivos** para su entorno.

La puesta en marcha en el sector hostelero de **buenas prácticas ambientales** en cada uno de los procesos productivos tiene como objetivo mejorar la actividad en relación con el respeto al medioambiente, realizando recomendaciones y llevando a cabo una serie de acciones encaminadas a mejorar la eficiencia de los recursos que utilizamos.

La implantación de estas buenas prácticas requiere de un **proyecto continuo de mejora,** una continua capacitación/formación de los gestores y empleados, y una adaptación permanente a las nuevas tecnologías que nos permitirá un mejor uso de los recursos y una reducción de contaminantes sobre el entorno.

Debido a la complejidad y al gran número de actividades que se realizan en un establecimiento hostelero, podemos dividir las buenas prácticas en función de los diferentes procesos productivos que veremos a continuación.

Nos seguiremos basando en los casos del restaurante La Fuente, donde se llevan a cabo una serie de premisas en cada una de las fases de su proceso productivo y en cada uno de los departamentos que forman el establecimiento para contribuir en una correcta actuación medioambiental.

2. Compras y aprovisionamiento

HILO CONDUCTOR

En todas las fases del proceso productivo el restaurante La Fuente desarrolla algunas decisiones y acciones que pueden afectar al medio ambiente. Es por eso, que durante el aprovisionamiento de géneros intentan que los proveedores sean cercanos, evitando así grandes desplazamientos de vehículos. Además,

Continúa en página siguiente >>

<< Viene de página anterior

intentan adquirir productos frescos y ecológicos en la medida de lo posible, así como productos con poco envase para que no generen muchos residuos.

Al realizar las compras para abastecer nuestro establecimiento hostelero, estamos tomando **decisiones que pueden afectar al medio ambiente,** incrementando o disminuyendo el impacto ambiental.

Por lo tanto, para reducir este impacto en este punto del proceso productivo, deben seguirse una serie de **buenas prácticas,** que tendrán su repercusión sobre el medioambiente:

- **Adquirir productos locales y de temporada:** garantizamos así artículos frescos y de calidad. Prescindimos de productos que, para ser servidos, realizan grandes desplazamientos, y con ello reducimos el impacto ambiental derivado del transporte.
- **Incluir productos ecológicos en nuestra compra:** su cultivo es más respetuoso con el medioambiente, no se utilizan pesticidas, insecticidas y abonos químicos.
- **Abastecimiento racional de artículos:** comprando la cantidad necesaria. Aunque es cierto que si compramos grandes cantidades reducimos las emisiones derivadas del transporte, debemos considerar la problemática que supone la caducidad de productos que han sido comprados en exceso, llegando a su fecha de caducidad y teniendo que ser eliminados.
- **Compra de pescado:** es fundamental respetar el tamaño mínimo legal de las piezas. Nunca se debe comprar pescado de tamaño inferior al legalmente permitido (para cada especie).
- **Escoger productos con poco envase:** si se venden a granel mucho mejor. El uso de envases retornables, reutilizables o reciclables, disminuyen los residuos.
- **Elegir electrodomésticos que cuenten con una eficiencia energética alta:** reduce el consumo energético.
- **Aprovisionamiento de productos perecederos:** este tipo de productos, desde su recepción hasta su venta, está sometido a la acción de las bajas temperaturas para su conservación, ya sea en cámaras de refrigeración o cámaras de congelación. Hay que considerar:

    - El estado del producto una vez adquirido (refrigerado o congelado), pues si no se usa de forma inmediata, pasaremos a refrigerar o congelar.
    - Consumimos mucha energía para conservar estos productos.

- La temperatura más baja no es siempre la más adecuada. Además, incrementa el consumo energético.

- **Funcionamiento correcto de instalaciones frigoríficas:** vigilando el buen estado del cierre hermético de la instalación, evitamos fugas de frío y consumo innecesario.
- **Conservación de los alimentos cocinados:** recuerda dejar enfriar las elaboraciones antes de introducirlas en la cámara.

EJEMPLO

Una vez elaborado el caldo de ave, se encuentra a una temperatura elevada, lo dejamos enfriar o bien lo sometemos a la acción del abatidor de temperaturas. Lo que no debemos hacer es enfriarlo en la cámara de refrigeración, ya que aumenta el gasto energético.

Podemos **reducir el gasto de energía** siguiendo unas sencillas pautas. Por ejemplo al regular correctamente el termostato de cámaras frigoríficas, congeladores, mesas de trabajo refrigeradas, etc.

IMPORTANTE

La planificación del trabajo influye de forma directa en el gasto energético. De este modo, a primera hora de nuestra jornada laboral, podemos confeccionar un listado de materias primas, necesario para realizar nuestro trabajo. Así evitamos acciones como abrir continuamente las instalaciones frigoríficas y con ello reducimos el gasto energético.

3. Elaboración y servicio de alimentos y bebidas

HILO CONDUCTOR

En la fase de cocinado y preparación de alimentos también se pueden seguir algunas premisas que favorecen el ahorro de energía. Algunas de las premisas que siguen en la cocina del restaurante La Fuente durante la fase de cocinado de alimentos son:

- Respetan los tiempos de cocinado para cada tipo de alimento.
- Cocinan con los recipientes tapados para favorecer la cocción.
- No abren el horno innecesariamente cuando están cocinado algún género en su interior.

En esta etapa del proceso productivo se puede decir que la cocina, por el trabajo que se realiza en ella y la maquinaria con la que cuenta, supone un **gasto energético muy alto** en comparación con otros departamentos.

Esto es debido a que en zonas de trabajo como la cocina, la cafetería, el restaurante, etc.:

- Desarrollan su actividad un número elevado de empleados, en distintos turnos.
- Encontramos un conjunto elevado de aparatos, que consumen mucha energía.
- Se prepara y ofrece un servicio directo al cliente, de manera continua y en número de servicios elevado.
- Debemos cubrir distintas demandas, dependiendo de la categoría de nuestro establecimiento (desayunos, almuerzos, aperitivos, etc.).

Por este motivo es necesario aplicar **buenas prácticas ambientales** en esta etapa.

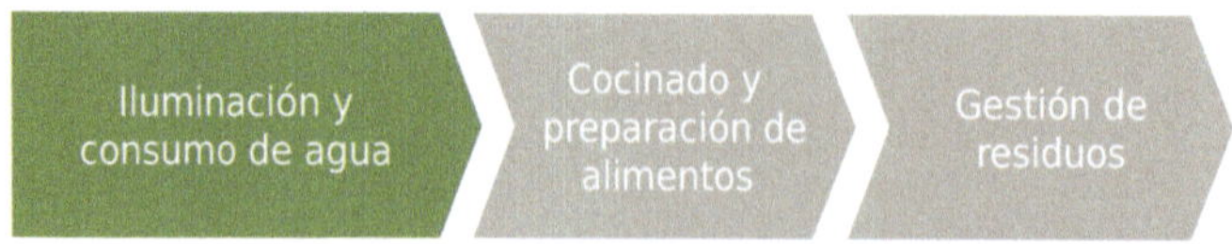

3.1. Iluminación y consumo de agua

La orientación de los establecimientos de hostelería es un factor a tener en cuenta pues permite aprovechar las horas de luz natural.

Las áreas de trabajo mencionadas, en especial la cocina, carecen normalmente de iluminación natural y, en muchos casos, la iluminación es escasa.

Lo adecuado es el **uso de tubos fluorescentes** y mantenerlos limpios. Estos nos proporcionan luz blanca y consumen poco si hay que trabajar muchas horas.

Se recomienda el uso de bombillas led y bajo consumo, ya que duran mucho y su consumo es más bajo.

No se debe derrochar agua, hay que cerrar el grifo cuando sea necesario o regular el caudal del mismo, ya sea para la limpieza de utensilios o de alimentos. Cuando estamos trabajando debemos prestar atención a estas acciones, pues disminuyen considerablemente el consumo de agua.

PARA SABER MÁS

Observa en el siguiente artículo algunos consejos para el uso eficiente del agua en la hostelería, diferenciándolos por tipo de establecimiento.

Continúa en página siguiente >>

<< Viene de página anterior

https://redirectoronline.com/mf07110501

3.2. Cocinado y preparación de alimentos

Hacer uso de las instalaciones de cocina (para elaborar los productos) de manera inadecuada aumenta el gasto energético. Por ello, es necesario tener en cuenta algunas acciones:

- Respetar la temperatura y los tiempos de cocción para cada alimento. Por ejemplo, si tenemos que cocer verdura para un servicio de restaurante, y se decide hacerlo en el horno en su función de vapor, observaremos el tiempo a emplear para cada tipo de verdura, según sea su dureza. De este modo no solo se mantienen las propiedades nutritivas intactas, sino que se evita un uso en exceso de esta maquinaria que contribuye a incrementar el consumo.
- A veces, se convierte en un error demasiado frecuente. Al cocinar 5-7 piezas de patatas torneadas en ebullición, se coloca sobre el fuego un cazo de gran diámetro y con demasiado líquido para su cocción. Adecuando el tamaño del recipiente y volumen de líquido a la cantidad de materia a cocinar, se evita la pérdida de energía y tiempo.
- Si además, el cazo anterior se sitúa en una fuente de calor demasiado grande, se pierde energía y aumentamos consumo. Esto se nota al ver como la llama del fuego envuelve la parte inferior del cazo, sobresaliendo y calentándolo por los laterales.
- Siempre que sea posible, es interesante tapar los recipientes que se usan para cocinar, así se evita pérdida de calor, ayudando a que los alimentos se cocinen y, en muchas ocasiones, reduciendo tiempo.
- Se produce una pérdida de calor cada vez que se abre la puerta del horno sin motivo alguno, el horno debe recuperar la temperatura y aumenta el consumo. Se pierden aproximadamente entre 20 y 45 °C innecesariamente.
- Enfriar los alimentos antes de almacenarlos en las cámaras.

3.3. Gestión de residuos

Se deben establecer determinados hábitos para contribuir a la disminución del impacto ambiental en esta etapa del proceso productivo:

Aceites usados

- El aceite es un residuo altamente contaminante y muy difícil de gestionar. Pero recuerda que, al tener implantado nuestro sistema de APPCC, este nos obliga a trabajar con una empresa autorizada que se encargue de la retirada de estos aceites.

Separar los residuos

- En la cocina, restaurante, cafetería, etc., a la hora de elaborar o servir, vamos a separar los residuos, dispondremos de contenedores adecuados identificados por colores.

SABÍAS QUE...

Un litro de aceite puede contaminar 1.000 litros de agua, por lo que no verter aceite al desagüe contribuye a mejorar el medioambiente.

PARA SABER MÁS

Consulta el siguiente enlace para acceder a la página web de SIGAUS, la entidad sin ánimo de lucro que gestiona el aceite industrial usado en España:

https://redirectoronline.com/mf07110502

Para disminuir los residuos, así como el impacto medioambiental, es importante el manejo, almacenamiento y conservación adecuados de los productos perecederos.

APLICACIÓN PRÁCTICA

Antonio es el encargado de gestionar las compras en el establecimiento en el que trabaja. ¿Qué consideraciones debe tener en cuenta en el aprovisionamiento de los productos perecederos relacionados con el impacto sobre el medioambiente?

Solución

Para el aprovisionamiento de los productos perecederos se deberá considerar:

- El estado del producto una vez adquirido (refrigerado o congelado), pues si no se usa de forma inmediata, pasaremos a refrigerar o congelar.
- Que consumimos mucha energía para conservar estos productos.
- Que la temperatura más baja no es siempre la más adecuada. Además, incrementa el consumo energético.

PARA SABER MÁS

Consulta en el siguiente enlace una guía para reducir el despilfarro alimentario en el sector de la hostelería, la restauración y el *catering:*

https://redirectoronline.com/mf07110503

4. Limpieza, lavandería y lencería

HILO CONDUCTOR

Para realizar unas buenas prácticas ambientales en relación con los productos de limpieza, el personal del restaurante La Fuente usa dosificadores en los envases para así no abusar de la cantidad usada. Además, intentan elegir detergentes sin fosfatos y biodegradables, ya que son menos perjudiciales para el medioambiente.

La limpieza que mantengamos en todas las áreas es importantísima y en algunas, como la cocina, se convierte en algo vital. Si para esta tarea no tenemos en cuenta una serie de recomendaciones, el gasto de energía y agua se disparará.

En el sector hostelero se encuentran diferentes establecimientos, cada uno con sus servicios.

Dependiendo del tipo de establecimiento, se encuentran: lavavajillas, trenes de lavado, lavadoras, lavadoras industriales, secadoras, planchas industriales, etc. Así, se debe intentar **disminuir el consumo de energía eléctrica,** además del **consumo de agua.** Para esto:

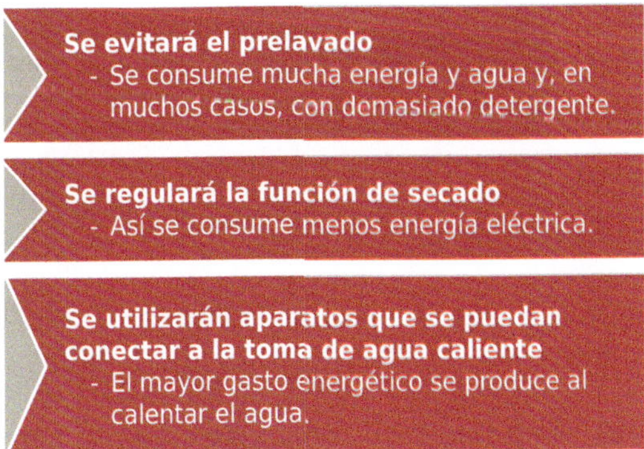

La calidad de los productos de lencería (toallas, albornoces, etc.) influirá directamente en la necesidad de mayor o menor cantidad de energía para llevar a cabo su limpieza y planchado.

Se aconseja que la lencería puesta al servicio de los clientes esté confeccionada 100 % en materiales naturales, como el **algodón.**

En cualquier establecimiento hostelero se genera un gran volumen de lencería diaria para lavar. Así pues, últimamente se están realizando **campañas de concienciación para los clientes,** encaminadas a reducir este volumen.

En estas campañas se informa del elevado consumo energético, de detergentes y de recursos que supone lavar diariamente (sábanas, toallas, etc.), por lo que se invita al cliente a que, si no es necesario o no ha utilizado determinado artículo, evite depositarlo para su recogida por el personal de limpieza de habitaciones.

NOTA

El algodón puede arrugarse con el lavado pero necesita menor temperatura para su planchado que los artículos confeccionados con fibras sintéticas o poliéster.

Generalmente a la hora de **efectuar la limpieza,** se utilizan productos químicos. Es por esto que se debe:

- **Utilizar dosificadores,** para no abusar excesivamente de los productos.
- **Adquirir productos concentrados.** Utilizamos menos producto, y, por otro lado, suelen necesitar menos embalaje.
- **Elegir detergentes sin fosfatos.** Así disminuimos su impacto medioambiental.
- **Usar productos biodegradables,** que son menos perjudiciales para el medioambiente.

Otro aspecto importante es el asociado al uso de *amenities* (artículos de aseo personal que se colocan en los cuartos de baño de hoteles) o productos de acogida en los hoteles, ya que generan un coste económico importante, un coste energético y produce mayor cantidad de residuos, siendo una medida a adoptar eficaz, la implantación de sistemas de dosificación a granel, sustituyendo los artículos monodosis.

PARA SABER MÁS

Accede en el siguiente enlace para ver una entrevista en la que se apuesta por el uso de textiles a partir de fibra de bambú.

https://redirectoronline.com/mf07110504

TAREA 17

Durante el proceso productivo de los diferentes departamentos de un establecimiento de hostelería pueden llevarse a cabo algunas prácticas para disminuir el consumo de agua o energía.

Identifica algunas de ellas, analizándolas y describiendo cómo pueden influir las tareas de limpieza en la disminución de este consumo.

5. Recepción y administración

HILO CONDUCTOR

En el restaurante La Fuente existe un Departamento de Administración que se encarga de las tareas relacionadas con costes, beneficios, remuneraciones de personal, etc. Y en este departamento también se llevan a cabo ciertas premisas para actuar correctamente con el medio ambiente. Es por ello que utilizan papel reciclado y hacen todo lo posible para usar la menor cantidad de papel posible, utilizando el correo electrónico o el fax e imprimiendo a doble cara.

Al igual que otras dependencias, las oficinas de un establecimiento hostelero **consumen recursos y generan residuos** diariamente. Esta cantidad dependerá del volumen de trabajo existente.

Las **recomendaciones** para poner en marcha buenas prácticas ambientales en el área de recepción se centran en dos aspectos fundamentales:

- **Elección de equipo informático adecuado:** es necesario **considerar** varias premisas para ello:

  - Que tengan un bajo consumo.
  - Una larga vida útil.
  - Fabricados en materiales reutilizables o reciclables.
  - Configurarlos para que se desconecten automáticamente tras un periodo de inactividad.

  En cuanto a los **consumibles informáticos,** como cartuchos de impresora, tóner de fotocopiadora, etc., es preferible optar por modelos que admitan recargas de tinta en lugar de tener que sustituir todo el cartucho cada vez que se agote la tinta.
- **Utilización y uso de papel:** la solución pasa por utilizar siempre **papel reciclado,** a excepción de aquellos documentos que precisen un papel de alta calidad. Así reducimos el consumo de recursos naturales (madera, agua, energía, etc.) y los problemas de contaminación que van unidos a su producción, así como la cantidad de residuos que, de otra forma, acabarían en vertederos de residuos sólidos urbanos. También hay que trabajar en reducir el consumo del papel reciclado y no conformarnos con su uso como si hubiésemos solucionado el problema:

- Al comprar el papel, ya sea blanco o reciclado, es conveniente **adquirir papel de bajo peso específico.** Un ejemplo: usar hojas de 70 g/m^2 en vez de 90, supone reducir en más de un 10 % la cantidad de papel utilizado.
- Al imprimir y fotocopiar, hacerlo a **doble cara.**
- Utilizar el **correo electrónico,** en lugar del ordinario o del fax.

ACTIVIDAD COMPLEMENTARIA

6. Además de los elementos que se han visto, también es necesario prestarle atención a otras zonas o materiales relacionados con el departamento de pisos del establecimiento, como los aseos y las habitaciones de clientes. Reflexiona sobre qué medidas se podrán tomar en dichas zonas para cumplir con las buenas prácticas ambientales. ¿A qué objetos o materiales se les deberá prestar atención?

6. Mantenimiento

HILO CONDUCTOR

El personal de mantenimiento del restaurante La Fuente procura cuidar de forma adecuada las instalaciones ya que esto también influirá en el impacto ambiental. Uno de los aspectos en los que llevan más control es en los sistemas de climatización, a los cuales les aplican comprobaciones en cuanto a su funcionamiento, temperatura y limpieza de filtros.

En esta área existen diversas actividades con una incidencia ambiental considerable.

Es muy importante realizar un mantenimiento correcto, tanto a **nivel preventivo como correctivo.** En caso contrario, se producirá un elevado consumo de energía y una disminución de la vida útil de los equipos con los que se trabaja.

Para ello, se prestará atención en el desempeño de las funciones para comunicar a este departamento cualquier anomalía que se detecte. El **mantenimiento preventivo,** con **revisiones periódicas,** permitirá generar menos residuos y menos gastos en repuestos.

Los aspectos más importantes a tener en cuenta en esta área están relacionados con la **climatización y la energía eléctrica.**

6.1. Climatización

Periódicamente se debe realizar **comprobaciones del nivel de los tanques** donde se almacena el combustible líquido o gaseoso, para el sistema de **calefacción.** El objetivo es controlar el consumo, **evitar posibles fugas y reducir residuos generados.** Una calefacción en mal estado malgasta una media del 35 % de la energía que consume.

La **temperatura y la instalación de la climatización** debe ser controlada, efectuando anotaciones de temperatura, y manipulando el termostato general en función de la estación de año en la que nos situemos, es decir, que en invierno la temperatura no sea excesivamente alta ni en verano demasiado baja. La variación de 1 o 2 grados aumenta el consumo de energía en un porcentaje importante, aproximadamente el 7 %.

Los **filtros** deben ser **revisados periódicamente.** Su mal funcionamiento incrementa el consumo energético.

NOTA

Realizar inspecciones de la instalación de fontanería para detectar fugas y sobreconsumos de agua por averías supone un importante ahorro.

6.2. Energía eléctrica

Realizar **mediciones de consumo por zonas** (cocina, lavandería, restaurante, etc.) ayuda a que el consumo de energía no se dispare. Entre las **medidas que se pueden adoptar** para bajar el consumo de energía eléctrica están:

- Mantener limpias las bombillas y lámparas.
- Sustituir los sistemas de alumbrado tradicionales por **sistemas de bajo consumo.**
- Instalar **interruptores temporizados** que aseguren la desconexión de la iluminación o disponiendo detectores de presencia que activen o desactiven la luz, por ejemplo, en pasillos y zonas comunes.
- **Aislar** en la cocina la zona fría de la caliente y verificar el buen cerramiento de las cámaras frigoríficas.
- Cambiar con la frecuencia necesaria los **filtros de los sistemas de ventilación o extracción,** por ejemplo, de extractores de humo.

PARA SABER MÁS

Accede en el siguiente enlace a un artículo en el que se muestran los parámetros a desarrollar para reducir el consumo de energía, emisiones, aguas residuales, etc.

https://redirectoronline.com/mf07110505

7. Resumen

En todo establecimiento hostelero deben llevarse a cabo unas **buenas prácticas ambientales** o, lo que es lo mismo, una serie de acciones, y en muchos casos actitudes, que contribuyen de manera importante a reducir el impacto ambiental por el alto consumo de recursos (energía eléctrica, agua, etc.) que conllevan los procesos productivos en dichos establecimientos.

Estos procesos o áreas son:

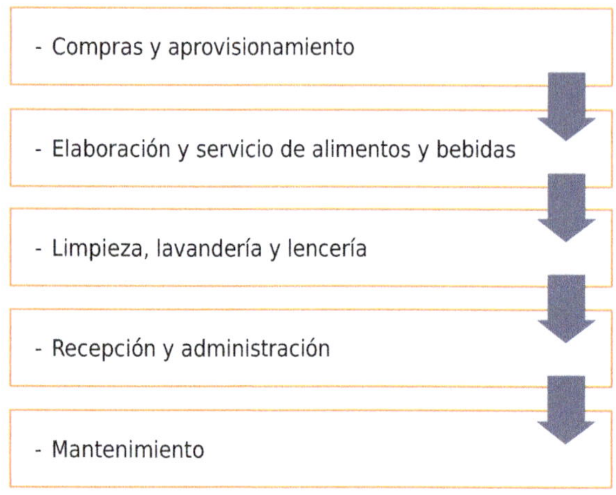

Dentro de cada una de estas áreas se deberán llevar a cabo una serie de acciones específicas para asegurar que dichas prácticas ambientales se cumplan.

Así, dentro del proceso de **compras y aprovisionamiento** se deberá considerar lo siguiente:

- Adquirir productos locales y de temporada.
- Incluir productos ecológicos en nuestra compra.
- Abastecimiento racional de artículos.
- Compra de pescado que cumpla el tamaño mínimo.
- Escoger productos con poco envase.
- Elegir electrodomésticos con eficiencia energética alta.
- Correcto aprovisionamiento de productos perecederos.
- Conservación de los alimentos cocinados.
- Funcionamiento correcto de instalaciones frigoríficas.

Pero además, en las otras áreas también se deberán tener en cuenta algunos parámetros relacionados con el **ahorro energético y la eficiencia,** cumpliendo con las ya conocidas **buenas prácticas ambientales:**

Elaboración y servicio
- Iluminación y consumo de agua.
- Cocinado y preparación de alimentos.
- Gestión de residuos.

Limpieza, lavandería y lencería
- Limpieza con máquinaria específica.
- Productos de limpieza.
- Lavandería y lencería.

Recepción y administración
- Elección del equipo informático.
- Utilización y uso del papel.

Mantenimiento
- Climatización.
- Energía eléctrica.

Ejercicios de autoevaluación Unidad de Aprendizaje 5

1. Si compramos productos locales y de temporada...

a. ... garantizamos artículos frescos y de calidad.
b. ... aumentamos el impacto ambiental, por los grandes desplazamientos a realizar para su servicio.
c. ... disminuimos el impacto ambiental, pues los desplazamientos a realizar para su servicio son más cortos.
d. Las opciones a y c son correctas.

2. Una vez elaborados y cocinados los alimentos...

a. ... dejaremos que se enfríen en la cámara a una temperatura de 0 a 4 °C.
b. ... dejaremos enfriar la comida antes de introducirla en la cámara de refrigeración.
c. ... la pasaremos directamente del fuego al congelador, a -18 °C.
d. ... el sistema que utilicemos para enfriar los alimentos cocinados es indiferente.

3. A la hora de comprar productos de limpieza, debemos elegir detergentes...

a. ... que disminuyan la grasa rápidamente sin necesidad de frotar.
b. ... que tengan un olor adecuado y dejen sensación de limpieza, pues disminuye el impacto ambiental.
c. ... sin fosfatos y productos biodegradables, pues disminuimos el impacto medioambiental.
d. ... que produzcan mucha espuma.

4. Respecto a la compra de pescado, ¿qué debemos tener en cuenta? Desarrolla tu respuesta.

____
____
____
____

5. Señala si las siguientes afirmaciones son verdaderas o falsas.

a. El consumo de energía eléctrica se incrementa si no mantenemos limpias las bombillas y lámparas.

- Verdadero
- Falso

b. Un fallo en el cierre hermético de las cámaras aumenta el consumo de energía.

- Verdadero
- Falso

c. Abrir el horno cuando creamos conveniente no influye en la pérdida energética.

- Verdadero
- Falso

6. Realizar inspecciones de la instalación de fontanería es importante para...

a. ... que no aparezcan manchas de humedad en las paredes.
b. ... detectar fugas y sobreconsumos de agua por averías.
c. ... detectar sobreconsumos en los distintos departamentos del hotel.
d. Todas las opciones son incorrectas.

7. Enumera las características que crees adecuadas a la hora de comprar equipos informáticos.

____
____
____
____
____
____

8. La temperatura de las cámaras frigoríficas y congeladores...

a. ... no se debe cambiar, ya que vienen programadas para que funcionen siempre a la misma temperatura.
b. ... se debe regular adecuadamente, por separado, no disminuyendo la temperatura por debajo de lo necesario.
c. ... debe estar siempre al mínimo, así nos aseguramos que los productos se mantienen durante más tiempo.
d. ... se debe tener a una temperatura media de funcionamiento para que no gasten mucha energía.

9. ¿Qué podemos hacer con los aceites usados? ¿Se pueden tirar por el desagüe?

____
____
____
____
____
____

10. En la cocina, ¿qué aumenta el consumo energético?

a. Cocinar con recipientes demasiado pequeños en relación al fuego que se está utilizando.
b. Cocinar con recipientes grandes en relación con la pequeña cantidad que se ha depositado en él.
c. Dejar el agua correr mientras lavamos las verduras.
d. Todas las opciones son correctas.

Unidad de aprendizaje 6

Seguridad y situaciones de emergencia en la actividad de hostelería

Contenido

1. Introducción
2. Seguridad: factores y situaciones de riesgo más comunes
3. Identificación e interpretación de las normas específicas de seguridad
4. Condiciones específicas de seguridad que deben reunir los locales, las instalaciones, el mobiliario, los equipos, la maquinaria y el pequeño material característicos de la actividad de hostelería
5. Medidas de prevención y protección
6. Equipamiento personal de seguridad
7. Prendas de protección: tipos, adecuación y normativa
8. Situaciones de emergencia
9. Primeros auxilios
10. Resumen

Objetivos

El objetivo específico de esta Unidad de Aprendizaje es:

→ Adoptar medidas de seguridad y controlar su cumplimiento en todas las situaciones de trabajo de la actividad de hostelería.

1. Introducción

En la hostelería, como en cualquier otro sector laboral, existen **riesgos derivados de la propia actividad** que se desarrolla, pudiendo afectar a la **seguridad y salud** de los trabajadores.

En multitud de ocasiones, esto deriva en accidentes de trabajo o en daños materiales que interrumpen el proceso productivo.

La legislación vigente obliga a las empresas a establecer **medidas adecuadas para eliminar o reducir los riesgos laborales.** La formación e información de los trabajadores, y su colaboración en la reducción de riesgos para mejorar la seguridad y actuar ante las emergencias surgidas en el ámbito de la hostelería resultan de una gran importancia en todos los procesos.

Nos seguiremos basando en las situaciones producidas en el restaurante La Fuente, en cuya cocina pueden ocurrir numerosos accidentes debido a caídas, fuentes eléctricas, quemaduras, etc. por lo que serán necesarias una serie de premisas de prevención, así como unas prendas de protección para reducir los riesgos.

2. Seguridad: factores y situaciones de riesgo más comunes

HILO CONDUCTOR

María está preparando un estofado de ternera para el servicio de almuerzo del restaurante La Fuente. Durante su elaboración, se le ha derramado parte del vino tinto que ha añadido al guiso, y como está muy ocupada no lo recoge ni lo limpia, lo deja en el suelo durante unas horas. Al finalizar la jornada su jefe le llama la atención por no haber recogido inmediatamente el líquido del suelo, ya que podría haber provocado algún accidente en alguno de sus compañeros.

La **seguridad** se ha convertido en un elemento y objetivo primordial a la hora de realizar cualquier actividad. En el caso del sector de la hostelería es necesario conocer las distintas fases en las que podemos actuar para poder garantizar las máximas condiciones de seguridad, como por ejemplo, conocer los locales, instalaciones, equipos de trabajo, etc.

En estos establecimientos se pueden presentar una serie de **factores y situaciones de riesgo durante la actividad** normal de la empresa, los cuales será necesario conocer para poder prevenirlos.

2.1. Resbalones, tropezones y caídas

En el sector de la hostelería, los accidentes en un porcentaje muy alto se deben a resbalones, tropezones y caídas, especialmente en las cocinas, además en muchos casos vienen acompañados por cortes o quemaduras derivados de estas situaciones. Es muy importante que el **suelo** sea **antideslizante**, recoger inmediatamente cualquier resto de agua, aceite, alimento, o cualquier otro elemento que entrañe un riesgo para nuestra seguridad. Al mismo tiempo, debemos usar un **calzado apropiado** y no correr o ir demasiado deprisa. De esta manera disminuiremos los riesgos.

2.2. Utensilios de corte

Otro factor causante de accidentes, en un porcentaje muy elevado, son los cortes. Especialmente en la cocina, trabajamos con **utensilios cortantes,** como cuchillos, cortafiambres, batidoras, etc., y debemos extremar la precaución en el uso de estos utensilios, tanto en la **fase de elaboración, como en el lavado y mantenimiento** de los mismos. El exceso de confianza, en muchos casos, provoca despistes que dan lugar a cortes. Además hay determinados productos que, por su envase o composición, entrañan mayor riesgo para el trabajador, como latas, envases de cristal, botellas, etc. Al mismo tiempo, las **tareas de mantenimiento, limpieza, servicio de mesas,** suponen estar en contacto con superficies o elementos que pueden causarnos cortes, como cristales rotos, superficies cortantes, etc.

2.3. Quemaduras

En un establecimiento de hostelería, y más concretamente en la **cocina,** nos encontramos con fuentes de calor que pueden dar lugar a situaciones de riesgo y quemaduras, que en determinados casos pueden llegar a ser graves.

 EJEMPLO

Podemos quemarnos con la plancha o parrilla, fogones, horno, etc. En la mayoría de las ocasiones con objetos o líquidos situados sobre estas fuentes. El personal de cocina también se puede quemar por el efecto del frío. En este caso, a través de productos congelados o ultracongelados.

Así, debemos **prestar atención:**

- A los recipientes con líquido caliente o hirviendo, y aceites.
- En el manejo de bandejas en el horno, especial cuidado al abrir el horno en la función vapor o mixto, al abrirlo podemos quemarnos con el vapor.
- A veces retiramos objetos del fuego y los situamos sobre una encimera o mesa, debemos señalizar estos objetos de alguna manera. De no ser así, cualquier compañero puede cogerlos por el asa y quemarse con ellos.
- No debemos correr o tener prisa con un objeto con líquido caliente, podemos caernos y, no solo golpearnos, además podemos sufrir quemaduras de gravedad.
- No coger los recipientes calientes con paños húmedos, ya que estos transmiten el calor. Los paños deben estar secos.

También podemos sufrir quemaduras por el **uso de productos químicos,** por parte del personal de limpieza o mantenimiento.

2.4. Manipulación manual

Son muchas las actividades que requieren una manipulación manual. En el caso de la **cocina,** coger pilas de platos, bandejas de hornos con comida, marmitas con fondos u otras elaboraciones, etc.; en el caso del **departamento de sala,** con los barriles de cervezas, cajas de vinos, etc.; y también en el **departamento de mantenimiento y otros.** Se llegan a producir lesiones por una sola manipulación incorrecta, pero en la mayoría de los casos se producen por acumulación de **acciones mal ejecutadas,** a consecuencia del estrés y la tensión que se va acumulando. Se pueden ver afectados músculos, articulaciones, tendones, ligamentos y nervios. Las zonas más afectadas son la espalda, cuello, hombros y extremidades superiores y, con menos frecuencia, extremidades inferiores.

2.5. Ruido

En ocasiones, podemos identificar un problema de ruido en nuestro trabajo, si para comunicarnos con un compañero situado cerca de nosotros tenemos que alzar la voz para hacernos oír. En la **cocina** vamos a trabajar con lavavajillas, campana extractora, cámaras, timbres, batidoras, robots de cocina, etc. Todo esto puede provocar con el paso del tiempo **problemas de audición.** En la **lavandería,** se producen ruidos por el uso de la lavadora, secadora, etc. En la **sala o la cafetería,** por el uso de la máquina y molinillo de café, la música del bar, etc. En tareas de mantenimiento, por ejemplo, en la **sala de calderas.**

2.6. Trabajo en entornos calientes

Los trabajadores que desempeñan su labor en este sector están expuestos a las altas temperaturas en la cocina, por las fuentes de calor, tareas de cocción y humedad. En verano, las condiciones de trabajo pueden empeorar en muchos casos. Todo esto puede causar trastornos como **golpes de calor, agotamiento, o calambres.** La realización de trabajos al aire libre en épocas de altas temperaturas requiere también de ciertas **medidas que puedan paliar el efecto** de estas.

EJEMPLO

Para combatir estos factores habrá que beber con frecuencia, para mantener los niveles de hidratación y evitar la realización del trabajo en las horas de temperaturas más altas.

2.7. Sustancias peligrosas

Debemos observar con detenimiento las **indicaciones del fabricante sobre el uso y manipulación** de estos productos, pues pueden causar lesiones a las personas que entran en contacto con ellas, principalmente por contacto con la piel, los ojos, o por la respiración de este tipo de sustancias. Algunos productos son corrosivos y pueden producir quemaduras, otros pueden causar dermatitis.

2.8. Riesgos de incendio

En la cocina, el riesgo de incendio es mayor, debido al manejo de gas, aceites calientes y sustancias inflamables, por lo que es necesario **extremar las medidas de seguridad y prestar especial atención** a todo ello. Existen otras áreas donde también pueden producirse incendios por las características o trabajos que se desempeñan en ellas.

En las habitaciones, por descuido de los clientes; en la lavandería, con el uso de planchas; en labores de mantenimiento, por chispas al realizar los trabajos.

2.9. Riesgos psicosociales

Estos riesgos están vinculados al modo en que **se organiza la actividad** y a la **exigencia mental** de la misma. Los conflictos, la falta de control sobre el trabajo, la poca colaboración entre compañeros y jefes, son **factores de riesgo.** Son causa de tensión y pueden provocar situaciones de estrés trabajar en turno de noche, fines de semana, situaciones conflictivas con clientes, etc.

2.10. Riesgos eléctricos

Es importante observar el **buen estado y funcionamiento** de los cables y maquinaria eléctrica. Debemos hacer un control visual de los aparatos eléctricos a diario antes de comenzar a trabajar.

Al mismo tiempo, es imprescindible desconectar cualquier equipo de sus fuentes de alimentación, evitando así posibles riesgos.

TAREA 18

Observa las siguientes imágenes:

Cocina

Detalle del suelo

A partir de las mismas, analiza los factores y situaciones de riesgo para la seguridad y las medidas de prevención y protección aplicables que pueden darse en estas zonas de un establecimiento de hostelería.

3. Identificación e interpretación de las normas específicas de seguridad

HILO CONDUCTOR

Según la Ley 31/1995 de prevención de riesgos laborales, los trabajadores deben estar protegidos en su trabajo, y para ello, deben seguir una serie de medidas preventivas que podrán reducir el riesgo de accidente entre ellos. Algunas de las premisas de prevención que se siguen en el restaurante La Fuente son:

- No corren en los desplazamientos por las escaleras, pasillos y vías de circulación.
- Respetan las obligaciones y prohibiciones indicadas en la señalización de seguridad.
- Recogen y advierten de la existencia de derrames o restos de material por los suelos.
- Acceden únicamente a las zonas o áreas de la empresa a las que hayan sido autorizados.
- No manipulan equipos ni materiales que no se le hayan indicado.

Todas las normas y condiciones de seguridad, prevención e higiene en el trabajo están regidas por la **Ley 31/1995,** de Prevención de Riesgos Laborales. Esta dice que "los trabajadores tienen el derecho a una protección eficaz en materia de seguridad y salud en el trabajo", y además, que "el citado derecho supone la existencia de un correlativo deber del empresario de protección de los trabajadores frente a los riesgos laborales".

Por ello, tanto la empresa como el trabajador deben seguir una serie de **obligaciones** relacionadas con la seguridad:

Empresa
- Cumplir con las normas específicas.
- Realizar las acciones preventivas señaladas en la legislación general.
- Mejorar el medio ambiente laboral.

Continúa en página siguiente >>

<< Viene de página anterior

Trabajador

- Hacer un uso adecuado de los medios con los que desarrolla su actividad. También deberá utilizar correctamente los medios y equipos de protección que se le hayan facilitado.
- Informar de cualquier situación que a juicio del trabajador entrañe un riesgo para la seguridad y la salud.
- Cooperar con el empresario para que este pueda garantizar condiciones de trabajo seguras; dar debido cumplimiento a las obligaciones establecidas por la autoridad competente con el fin de proteger la seguridad y la salud de los trabajadores en el lugar de trabajo.

Esto implica que las responsabilidades de seguridad en la empresa no dependan solo de una de las partes, tanto el empresario como el trabajador son responsables de las mismas. Por ello, se ha de **actuar de una forma activa,** es decir, antes de que se hayan producido tales daños. Esta forma de actuación **se basa en:**

- Evaluar los riesgos inherentes al trabajo.
- Tomar las medidas precisas para eliminar o reducir los riesgos, planificando la actividad preventiva.
- Controlar periódicamente las condiciones de trabajo y el estado de salud de los trabajadores.
- La definición e implantación de un **Sistema de Gestión de la Prevención,** mediante el cual la empresa establece la estructura organizativa, define las funciones, las prácticas preventivas y los procedimientos de gestión.
- La asignación de los recursos humanos necesarios para el desarrollo de las actividades preventivas.

3.1. Medidas preventivas

Como hemos dicho anteriormente, se deben tomar las medidas necesarias para actuar ante los riesgos antes de que provoquen daños. Por ello, es preciso planificar y dejar claro las **medidas de prevención** que se llevarán a cabo en cada puesto de trabajo, siendo estas comunes a los mismos:

- Utilizar equipos de trabajo y herramientas en perfecto estado.
- No correr en los desplazamientos por las escaleras, pasillos y vías de circulación.

- Hacer uso de equipos eléctricos que no presenten defectos en sus protecciones.
- Respetar las obligaciones y prohibiciones indicadas en la señalización de seguridad.
- Recoger y advertir de la existencia de derrames o restos de material por los suelos.
- Mantener libre de obstáculos las salidas y zonas de paso.
- Acceder únicamente a las zonas o áreas de la empresa a las que haya sido autorizado.
- Utilizar adecuadamente los equipos y prendas de protección individual.
- No manipular equipos ni materiales que no se hayan indicado.
- Adoptar posturas adecuadas que reduzcan la fatiga.

Además, en la empresa pueden darse **situaciones de emergencia y accidente** debido a circunstancias inesperadas relacionadas con la aparición de situaciones de peligro para los trabajadores, que también puede ir unido a un riesgo de daño a las instalaciones y al medio ambiente.

Según la normativa de Prevención de Riesgos, la empresa debe analizar las posibles situaciones de emergencia y tomar medidas para evitar sus consecuencias. Fundamentalmente están relacionadas con los **primeros auxilios, la lucha contra incendios y la evacuación de trabajadores.**

Cuando se presenta el caso de un accidente de algún compañero, la rápida actuación podría salvarle la vida o evitar el empeoramiento. Por ello, se deberá aplicar el **sistema de emergencia PAS:**

Proteger

- Significa que antes de actuar, hay que asegurarse de que, tanto el accidentado, como el resto de empleados, estén fuera de peligro.

Avisar

- Significa que, siempre que sea posible, se avisará a los servicios sanitarios de la existencia del accidente, activando así el Sistema de Emergencia. Inmediatamente después, deberá iniciarse el socorro mientras se espera la ayuda.

Continúa en página siguiente >>

<< Viene de página anterior

Socorrer

- Significa que, una vez se haya protegido y avisado, procederá actuar sobre el accidentado, reconociendo sus signos vitales por este orden:
- Conciencia
- Respiración
- Pulso

3.2. Señalización

Las disposiciones mínimas para la señalización de seguridad y salud en el trabajo están reguladas por el **Real Decreto 485/1997,** de 14 de abril, sobre disposiciones mínimas en materia de señalización de seguridad y salud en el trabajo. En el mismo se indica que el empresario deberá adoptar las medidas precisas para que en los lugares de trabajo exista una **señalización de seguridad y salud** que cumpla lo establecido en dicha normativa. Así, la señalización de seguridad se deberá utilizar cuando exista la necesidad de:

- Llamar la atención de los trabajadores sobre la existencia de determinados riesgos, prohibiciones u obligaciones.
- Alertar a los trabajadores cuando se produzca una determinada situación de emergencia que requiera medidas urgentes de protección o evacuación.
- Facilitar a los trabajadores la localización e identificación de determinados medios o instalaciones de protección, evacuación, emergencia o primeros auxilios.
- Orientar o guiar a los trabajadores que realicen determinadas maniobras peligrosas.

RECUERDA

Tipos de señales

ACTIVIDAD COMPLEMENTARIA

7. Busca información sobre las señales específicas más comunes utilizadas en los establecimientos de hostelería y analiza su forma y colores, explicando qué significado tienen y qué implica en el trabajador.

4. Condiciones específicas de seguridad que deben reunir los locales, las instalaciones, el mobiliario, los equipos, la maquinaria y el pequeño material característicos de la actividad de hostelería

HILO CONDUCTOR

En el restaurante La Fuente son muy cuidadosos en la elección de material y equipos de cocina, procurando siempre que sean seguros y que los trabajadores no corran riesgos al utilizarlos. Así, los cuchillos tendrán una protección en su hoja para su almacenamiento y sus mangos serán antideslizantes. Las mesas, estanterías, cajones, etc. tendrán un diseño que evitará golpes o cortes, no teniendo aristas ni filos pronunciados.

En los establecimientos hosteleros, las características de los lugares pueden ser muy distintas en función del tipo de actividad a desarrollar en el mismo, pero se deben realizar una serie de acciones comunes a todos los establecimientos.

Las instalaciones deben cumplir con una serie de condiciones y seguir unas **pautas que evitarán o disminuirán el riesgo de accidentes.**

4.1. Condiciones ambientales

En los establecimientos hosteleros como en cualquier otro, las condiciones ambientales serán las apropiadas para que las personas que trabajan en ellos no sufran molestias ni riesgos derivados de unas condiciones inadecuadas.

Iluminación

La **iluminación** es muy importante, para realizar bien nuestra actividad sin forzar la vista y para evitar accidentes, como cortes por falta de luz, o molestias al realizar las tareas administrativas (como fatiga visual) debido a una inadecuada disposición de los puestos.

Temperatura

Existen determinadas zonas donde las condiciones ambientales son más dificultosas, como zonas de lavado, cocina, lencería, etc. El personal que realiza su trabajo en estas dependencias sufrirá un **alto grado de humedad y temperatura,** lo que puede ocasionar molestias para su salud.

En los puestos de trabajo relacionados con la cocina, nos encontramos con temperaturas elevadas pero además con un alto grado de humedad, por lo tanto, se debe prestar especial atención al buen mantenimiento de los sistemas de extracción de aire caliente, como campanas extractoras.

En el caso de cámaras frigoríficas o congeladoras, se sufrirán la acción de las **bajas temperaturas** mientras se coloca un pedido, se organiza la cámara, se extraen los artículos necesarios para una elaboración, etc. Es por esto que debemos equiparnos con ropa de abrigo y el tiempo de estancia en estas zonas será limitado.

Ruido

Debemos tomar medidas también frente al **ruido** excesivo en determinadas zonas, debido al uso de maquinaria, (secadoras, lavadoras, hornos, etc.) pues pueden afectar a nuestra concentración, dificultar la comunicación y, con el paso del tiempo, nos pueden ocasionar daños irreversibles. Como medida preventiva, podemos adquirir **equipos con menos emisión de ruido.**

4.2. Mobiliario, equipos, maquinaria y material

Respecto al utillaje y otros elementos que intervienen en el proceso de producción, habrá que tomar las siguientes consideraciones:

- Los materiales con filo cortante deberán poseer una **protección para su almacenamiento.**
- Los **mangos de los cuchillos** es preferible que sean antideslizantes.
- La maquinaria y equipos que tengan filo cortante, deberán poseer una **protección o resguardo** para evitar cortes o amputaciones durante su uso.
- La maquinaria, equipos y materiales deberán acompañarse por unas **instrucciones por parte del fabricante.**
- El **mobiliario** deberá estar diseñado para evitar cortes o golpes, sin filos ni aristas pronunciadas ni salientes peligrosos.

4.3. Locales e instalaciones

En todo momento, debemos mantener el **orden y la limpieza** en los locales e instalaciones donde trabajamos. Así, en las zonas o áreas de trabajo evitaremos colocar cajas o elementos que impidan la buena circulación al personal, y de esta manera evitamos el riesgo de tropezar y caer. Haremos especial hincapié en aquellas **zonas de evacuación** del lugar de trabajo. Estas deben estar **despejadas** siempre.

La limpieza se llevará a cabo conforme al **plan de limpieza,** con la frecuencia recomendada, manteniendo así las condiciones higiénicas en todo momento.

NOTA

Existen ciertas zonas donde se deben extremar estas medidas, como cocinas, cafetería, lavandería, etc., donde pueden ser frecuentes las caídas al mismo nivel, en muchos casos por objetos mal colocados o por suelos resbaladizos. No olvidemos que estos lugares suman otros factores que agravan la peligrosidad de un posible accidente, como equipos con llama viva, hornos, líquidos a temperatura elevada, etc. Hay determinadas zonas o áreas que no están tan a la vista. Por lo tanto, es conveniente extremar nuestra atención. Por ejemplo, en una cámara congeladora, puede caer líquido y, con la temperatura tan baja a la que se encuentra, se puede formar una placa de hielo, con la que podemos resbalar.

Además, las áreas donde se desarrolla el trabajo deberán cumplir con una serie de premisas para evitar riesgos o peligros:

- El **espacio disponible** para realizar nuestras tareas debe ser suficiente para el desarrollo de las mismas sin que esto suponga un riesgo para nuestra salud.
- Los **suelos** serán estables, fijos y antideslizantes, sin irregularidades que supongan un peligro en la realización de una tarea.
- Es habitual en muchos establecimientos la existencia de **escaleras,** es importante saber que los lados abiertos de la misma deben estar protegidos.
- Las escaleras de mano serán de tamaño adecuado a la función a desempeñar, evitando usar cajas, cajones, etc.
- Los **pasamanos** de las escaleras estarán en buen estado y serán sólidos.
- En el caso de las **puertas de vaivén,** el que dispongan de elementos transparentes para ver al otro lado evitará que se produzcan accidentes por falta de visibilidad.
- Los **bordes** de las encimeras, mesas de trabajo o cualquier otro elemento deben ser redondeados para evitar cortes.
- Dispondremos de **instalaciones** suficientes para garantizarnos la separación entre productos alimenticios y de limpieza.
- Las instalaciones deben estar bien **ventiladas y climatizadas.**
- Las **ventanas** dispondrán de protección para evitar la entrada de insectos.
- El **mantenimiento preventivo** de instalaciones es muy importante para evitar accidentes

TAREA 19

El restaurante en el que trabajas va a abrir un nuevo establecimiento de la cadena en el centro de la ciudad. Para ello, van a reconstruir un edificio antiguo y reformarlo de manera que cubra las necesidades de espacio y seguridad reglamentarias. El plano de la cocina y el personal que trabajará en la misma es el siguiente:

Continúa en página siguiente >>

<< Viene de página anterior

- Jefe de cocina
- Jefes de partida
- Cocineros
- Ayudantes de cocina
- Empleados *Office*

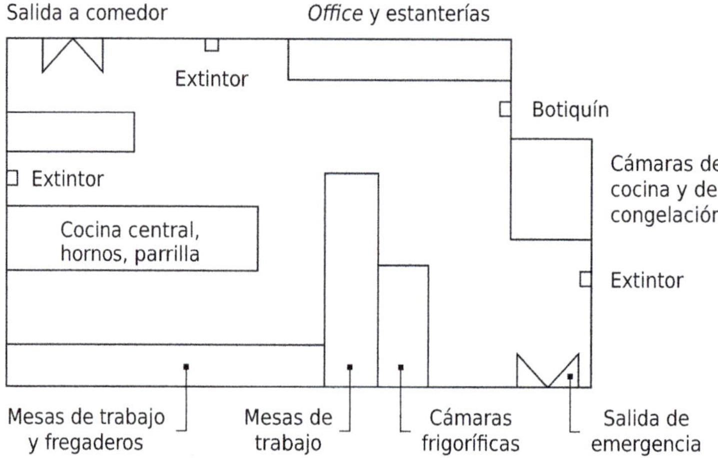

Teniendo en cuenta la normativa y planes de seguridad que deben aplicarse en este caso, interpreta los aspectos más relevantes de los mismos en relación a: derechos y deberes del trabajador y de la empresa, reparto de funciones y responsabilidades, medidas preventivas, señalizaciones, normas específicas para cada puesto, actuación en caso de accidente y de emergencia.

5. Medidas de prevención y protección

HILO CONDUCTOR

Últimamente se están produciendo muchos casos de quemaduras en el personal de cocina del restaurante La Fuente. Por ello, el jefe de cocina va a pasar un documento informativo en el que figuran varias medidas de prevención para

Continúa en página siguiente >>

<< Viene de página anterior

evitar los accidentes de quemaduras entre los trabajadores. Las premisas más destacadas son:

- Comprobar el termostato de la freidora antes de introducir los alimentos.
- Evitar el desbordamiento, comprobando los niveles antes de la introducción de alimentos.
- Orientar los mangos de los recipientes hacia el interior de los fogones.
- Efectuar el cambio de aceite en frío.
- Utilizar los utensilios adecuados para el transporte de objetos calientes, avisando de su paso.
- Limpiar los hornos, en especial las juntas de cierre, según las instrucciones de mantenimiento.
- Utilizar equipos de protección individual con marcado CE (manoplas, delantales, pantallas), según indiquen los procedimientos de trabajo.
- Utilizar ropa de trabajo adecuada (suelas antideslizantes, mandiles, gorros, manga larga, etc.).

Para evitar accidentes de trabajo y situaciones de peligro se debe actuar de forma activa, como has visto anteriormente. Es por ello que durante la jornada de trabajo se procurará seguir una serie de **medidas de prevención y protección** en todas las áreas y tareas que se realicen.

5.1. Medidas de prevención y protección en el local e instalaciones

Los riesgos más comunes son los relacionados con las caídas, quemaduras, electricidad e incendios. Por ello, las medidas preventivas que se seguirán en cada caso son las siguientes:

- Para prevenir las **caídas a la misma altura:**
  - Deberán ponerse **suelos antideslizantes** y de fácil limpieza.
  - Las zonas de circulación de trabajadores y clientes (pasillos, corredores, salas y escaleras) se deberán mantener limpias de suciedad y libres de obstáculos contra los que se pueda tropezar.
  - Su estado ha de ser igualmente perfecto, sin agujeros, losas dañadas, irregularidades en el suelo, etc.
  - Deberán limpiarse con **productos desengrasantes** los derrames de aceites y grasas en general.

- La separación de las zonas de circulación ha de ser la apropiada, tanto la de las zonas de utilización de maquinaria y equipos, como la de circulación de las personas.
- Los aprovisionamientos deberán llegar con facilidad a las zonas de trabajo y las elaboraciones y desechos podrán ser retiradas sin obstaculizar los movimientos de los operarios.
- Los establecimientos dispondrán de las **condiciones de iluminación adecuadas,** así como de la señalización de esquinas y obstáculos fijos.
- Se realizará el mantenimiento y conservación de los locales e instalaciones generales (electricidad, agua, aire acondicionado, etc.).
- Los empleados deberán caminar despacio y sin correr, provistos de **calzado antideslizante.**
- Igualmente, deberán mantener la visión al transportar cargas.

➲ Para prevenir las **caídas a distinta altura:**

- Mantener las **escaleras limpias y secas.**
- Colocar en los altillos o zonas de trabajo elevadas, barandillas con la altura adecuada.
- Señalizar e iluminar adecuadamente las escaleras.
- Cubrir las aberturas en el suelo o colocar barandillas, barras intermedias y plintos en todo el perímetro de los huecos.
- **Facilitar el acceso** a zonas de almacenamiento elevadas mediante escaleras fijas o móviles perfectamente aseguradas, plataformas de trabajo adecuadas o ascensores.

➲ Para prevenir las **quemaduras:**

- Comprar máquinas y utensilios seguros, que tengan el **marcado CE.**
- No llenar los recipientes hasta arriba.
- Comprobar el termostato de la freidora antes de introducir los alimentos.
- Utilizar en la preparación de los alimentos utensilios con el tamaño adecuado.
- Evitar el desbordamiento, comprobando los niveles antes de la introducción de alimentos.
- Orientar los **mangos de los recipientes** hacia el interior de los fogones.
- Efectuar el cambio de aceite en frío.
- Utilizar los utensilios adecuados para el transporte de objetos calientes, avisando de su paso.
- Limpiar de grasa las inmediaciones de las freidoras.
- Limpiar los hornos, en especial las juntas de cierre, según las instrucciones de mantenimiento.

- Utilizar **equipos de protección individual** con marcado CE (manoplas, delantales, pantallas), según indiquen los procedimientos de trabajo.
- Utilizar ropa de trabajo adecuada (suelas antideslizantes, mandiles, gorros, manga larga, etc.).
- No calentar en el horno, vajilla no destinada específicamente a calentar comida.

➲ Para prevenir los **riesgos eléctricos:**

- **No utilizar aparatos en mal estado,** hasta que los revise un especialista, ni los que han sufrido un golpe fuerte o han sido afectados por la humedad.
- Los cables de alimentación han de estar bien aislados y sin deterioro.
- Todas las conexiones se realizarán mediante **clavijas normalizadas.**
- Durante su utilización, todos los equipos eléctricos han de estar protegidos.
- Deberá comprobarse periódicamente el correcto funcionamiento de las protecciones.
- Deberán **desconectarse** al término de su utilización o pausa de trabajo.
- No se debe de tirar del cable de utilización para desenchufar los aparatos eléctricos.
- No conectar directamente cables sin clavijas.
- **Evitar el uso de ladrones.**
- No limpiar, ni efectuar cambios de filtros, cuchillas, etc., sin desconectar la alimentación del equipo.
- No verter líquidos cerca de tomas de corriente, aparatos o cuadros eléctricos.

➲ **Incendios:**

- Disponer solo de la cantidad necesaria de materiales inflamables o combustibles para el trabajo diario, el resto deberá estar en el almacén.
- Almacenar los productos inflamables y combustibles aislados y alejados de las zonas de trabajo.
- Utilizar recipientes herméticos cerrados, tanto para el almacenamiento, como para el transporte y depósito de residuos.
- Retirar las cajas, envases, papeles, etc., que no sean necesarios.
- **Prohibir fumar** en todo el recinto sujeto al riesgo.
- Alejar de las zonas con riesgo de incendio fuentes de calor.
- Comprobar la hermeticidad de los **conductores de gas.**
- Seguir las instrucciones del suministrador y del instalador de gases inflamables.

- Evitar que la instalación eléctrica sea origen de focos de calor. Cuando se termine la jornada, se observará que todos los aparatos eléctricos queden desconectados de la red.
- **No mezclar sustancias químicas** cuya reacción se desconozca, pues pueden desprender calor suficiente para generar un incendio.

NOTA

Se debe observar la reglamentación específica que pueda afectar a los locales, dependiendo de la actividad que se desarrolle en ellos (hoteles, restaurantes, etc.).

5.2. Medidas de prevención y protección en utilización de máquinas, equipos y utensilios

Muchas de las lesiones producidas en el trabajo son debidas al manejo inadecuado de maquinaria y utensilios. Por ello, para evitar accidentes y riesgos en su manejo se deberán aplicar las siguientes medidas preventivas:

Máquinas y equipos
- Adquirir máquinas y utensilios seguros, que tengan el **marcado CE.** - **Proteger la parte cortante** de las máquinas con resguardos móviles o móviles con enclavamiento, resguardos regulables o retráctiles. - Utilizar las máquinas **solo personas designadas** por el empresario, que han de ser informadas de sus peligros y adiestradas en su manejo y limpieza. - Utilizar las máquinas de acuerdo con las **instrucciones del fabricante** y solo en aquellos trabajos para los que han sido diseñadas, aunque fuera posible la realización de otros.

Continúa en página siguiente >>

<< Viene de página anterior

Utensilios y herramientas
- **Proteger la parte cortante** de las herramientas con resguardos móviles o móviles con enclavamiento, resguardos regulables o retráctiles. - Utilizarán los utensilios solo aquellas **personas designadas** por el empresario, que habrán de ser informadas de sus peligros y adiestradas en su manejo y limpieza. - Comprar los cuchillos con **mango antideslizante.** - Transportar y guardar los cuchillos a decuadamente **enfundados,** ordenándolos después de su uso. - Mantener los cuchillos bien **afilados.** - Utilizar los cuchillos adecuados a cada tarea. - Cortar utilizando las **superficies destinadas** para ello. - Usar los **equipos de protección individual** que sean necesarios en cada operación.

5.3. Medidas de prevención y protección en el manejo de productos químicos

En ocasiones deben manipularse productos de limpieza los cuales pueden contener **sustancias peligrosas** que al entrar en contacto con nosotros provocarán una lesión más o menos grave. Por ello, las medidas preventivas a seguir en el manejo de estos productos son:

- Utilizar sustancias que tengan las mismas propiedades, pero que sean menos peligrosas.
- Exigir al fabricante las **fichas de datos de seguridad** de los productos.
- **Evitar el contacto** de sustancias con la **piel,** utilizando mezcladores, homogeneizadores, paletas, etc., o guantes adecuados.
- Preparar los productos de acuerdo con las instrucciones del fabricante. **No realizar mezclas** de productos que no estén expresamente indicadas por el fabricante.
- Al efectuar **disoluciones con agua,** verter el ácido (salfumán, aguafuerte, por ejemplo) sobre el agua.
- Utilizar los productos en sus envases originales. **No trasvasar.**
- **Mantener las etiquetas** en buen estado de conservación, evitando su caída y manchado.
- No utilizar los envases para otro fin distinto del original.
- Almacenar los productos en lugares apropiados y alejados de los alimentos.
- Mantener los recipientes cerrados.

- Efectuar las principales operaciones de limpieza, una vez acabado el trabajo en la cocina.
- Utilizar equipos de protección individual, con el marcado CE (guantes, pantallas, respiradores), según indique la ficha de datos de seguridad.
- Limpiar y secar las manos antes de colocarse los guantes.
- Utilizar **detergentes** para las manos que permitan su uso continuado.
- No perforar ni acercar a fuentes de calor o llamas los aerosoles.
- No utilizar objetos cortantes en la descongelación de frigoríficos.
- Prestar atención a las indicaciones de la **etiqueta.**

Simbología de los peligros en los productos químicos

PARA SABER MÁS

Accede al siguiente enlace para consultar un informe sobre los dispositivos de parada de emergencia en maquinarias redactado por el Instituto Nacional de Seguridad e Higiene en el Trabajo.

Continúa en página siguiente >>

<< Viene de página anterior

https://redirectoronline.com/mf07110601

ACTIVIDAD 7

En el sector de la hostelería es necesario conocer las distintas fases en las que podemos actuar para poder garantizar las máximas condiciones de seguridad. Identifica a qué factor de riesgo pertenecen las siguientes actividades:

1. Organización de actividades:

    a. Ruido
    b. Sustancias peligrosas
    c. Psicológicos
    d. Eléctricos

2. Limpieza:

    a. Ruido
    b. Sustancias peligrosas
    c. Psicológicos
    d. Eléctricos

3. Mantenimiento de aparatos electrónicos o eléctricos:

    a. Ruido
    b. Sustancias peligrosas
    c. Psicológicos
    d. Eléctricos

6. Equipamiento personal de seguridad

☞ HILO CONDUCTOR

Todos los miembros de la cocina del restaurante La Fuente cuentan con el mismo equipamiento personal: pantalón y chaqueta de cocina de manga larga, calzado antideslizante, mandil largo y gorro.

En el sector de la hostelería **es obligatorio el uso de un uniforme,** siendo de uso exclusivo para el trabajo. Debe ser cómodo y adecuado a las condiciones climáticas.

El equipo personal será el siguiente:

- **Gorros** o similares que cubran perfectamente el cabello. De esta manera evitaremos una caída del mismo en el alimento. Pueden ser desechables.
- **Chaqueta y pantalón** de uso exclusivo para el trabajo. Las chaquetillas de cocina de manga larga evitan en muchos casos que las salpicaduras de líquidos calientes nos produzcan quemaduras, o roces con los utensilios a temperatura alta.
- **Calzado** transpirable y con suela antideslizante.
- **Mandiles:** estos nos protegen pero también pueden ser fuente de acumulación de materias, así que esta prenda, como cualquier otra, debe lavarse con mucha frecuencia. Sería interesante la posibilidad de usar mandiles desechables, ya que se han dado casos de contaminaciones producidas a través del mandil, debido a la suciedad o restos acumulados. En el caso del personal que realiza la limpieza de menaje, serán impermeables.

7. Prendas de protección: tipos, adecuación y normativa

☞ HILO CONDUCTOR

Además del equipamiento personal de cada trabajador, en la cocina se cuenta con algunas prendas de protección individual que se utilizarán en algunos casos

Continúa en página siguiente >>

<< Viene de página anterior

según la tarea a desarrollar. Así, se cuenta con guantes y manoplas para manipular productos calientes, guantes de malla para el uso de la cortafiambres, corte de géneros o limpieza de maquinaria; prendas de abrigo para las bajas temperaturas de las cámaras de congelación y mascarillas para la manipulación de productos de limpieza.

Has visto cómo pueden influir determinadas condiciones de trabajo en el sector de la hostelería y cómo se pueden minimizar los riesgos que conllevan dicha actividad, pero también se puede contribuir a reducirlos con el uso de **equipos de protección personal.**

Se denomina Equipo de Protección Individual (en adelante, EPI) **al equipo utilizado por un trabajador para que lo proteja de los riesgos** que amenazan su seguridad o salud en el trabajo.

IMPORTANTE

Para que el EPI pueda ser comercializado en la unión europea debe contar con el distintivo CE.

Por tanto, no valdrá cualquier guante, bota, mascarilla, etc., deben ser elementos que cuenten con cierta **garantía en cuanto a calidad y fiabilidad.** Por ello, se establecen varias normativas referentes al uso y a la comercialización de estos equipos, siendo un ejemplo, la siguiente:

- **Real Decreto 773/1997,** 30 de mayo, sobre disposiciones mínimas de seguridad y salud relativas a la utilización por los trabajadores de equipos de protección individual.

NOTA

El empresario está obligado a determinar los puestos de trabajo en los que deba recurrirse a la protección individual conforme a lo establecido en la normativa, precisar las partes del cuerpo que deberán protegerse y el tipo de equipo que se utilizará.

Según dichas normativas, las **condiciones que deben reunir los EPI** son las siguientes:

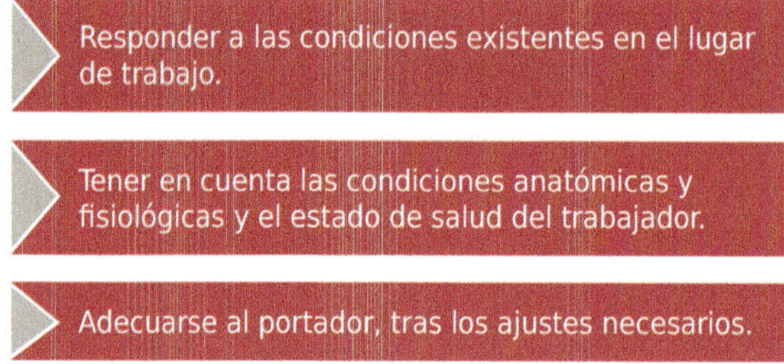

El **uso de los EPI** se determinará en función de:

- La gravedad del riesgo.
- El tiempo o frecuencia de exposición al riesgo.
- Las condiciones del puesto de trabajo.
- Las prestaciones del propio equipo.
- Los riesgos adicionales derivados de la propia utilización del equipo que no hayan podido evitarse.

En establecimientos de hostelería, los **tipos de EPI** más frecuentes son los siguientes:

- **En pies:** calzado de **suela antideslizante,** sobre todo para la realización de tareas en zonas donde es frecuente la presencia de suelos húmedos o mojados. En el mercado también podemos encontrar calzado específico para este sector con la **puntera reforzada,** para disminuir el efecto causado por el impacto de un objeto.

- **En manos:**

  - **Guantes de goma,** tanto para manipular alimentos como para cubrir posibles heridas. En determinadas tareas de limpieza también se usarán para evitar el contacto directo con sustancias peligrosas que pueden suponer un riesgo para nuestra salud.
  - **Manoplas,** se usan para manipular objetos calentados al fuego o al horno, para evitar quemaduras.
  - **Guantes de malla,** se utilizan, por ejemplo, para cortar con la cortafiambres, para llevar a cabo la limpieza de maquinaria como la mencionada, cuando se usa un hacha o un cuchillo de golpe, etc.
  - Las **tareas de mantenimiento** requieren con frecuencia el uso de guantes para proteger las manos de riesgos mecánicos, agresiones químicas, riesgos eléctricos, etc.

- **Ropa de protección:** en trabajos expuestos a las **bajas temperaturas** en las cámaras de refrigeración o congelación debemos protegernos con ropa de abrigo para trabajar en su interior.
- **Protección contra caídas:** es cada vez más frecuente su uso, sobre todo para realizar **tareas de mantenimiento o limpieza.**
  Por ejemplo, para la limpieza de fachadas de hoteles, en la utilización de arneses de seguridad, tanta importancia tiene el equipo como el agarre y sistema de sujeción del mismo.
- **Protección ocular:** es preciso el uso de estos equipos para proteger los ojos o la cara en determinados trabajos de mantenimiento. Se puede requerir de protección ocular también cuando **se cortan productos congelados** con los equipos adecuados para ello. De esta manera, evitamos lesiones producidas por trozos de alimentos que puedan salir despedidos con violencia.
- **Protección auditiva:** en determinadas zonas o tareas, el nivel de ruido es muy alto, haciendo necesario el uso de protección auditiva.
- **Protección respiratoria:** se pueden utilizar **mascarillas** en aquellos casos en los que se trabaje con productos de limpieza y mantenimiento que así lo requieran.
  Por ejemplo, en mantenimiento, con el uso de disolventes.
- **Protección del tronco:** en el caso de levantar objetos pesados.
  Estas prendas deben cumplir rigurosamente con la normativa vigente.

TAREA 20

Al proyecto de cocina establecido anteriormente, en la tarea 19, se le va a añadir un habitáculo contiguo que será destinado a cuarto frío. En él se realizarán tareas de preelaboración y corte de carnes, pescados y embutidos; preparación de platos fríos y preelaboración y corte de verduras y hortalizas.

Por ello, se dotará de toda la maquinaria y equipos necesarios como cámaras frigoríficas, cortafiambres, picadoras y envasadora al vacío; así como utensilios como tablas, cuchillos, bandejas, escurridores, tijeras, etc.

Analiza las medidas de seguridad aplicables en el diseño de dicho local e instalaciones, condiciones ambientales, estado del puesto de trabajo, entorno y servidumbres, medidas de seguridad y protecciones de maquinarias, señalización de situaciones de riesgo y emergencias, equipos de protección individual, toxicidad o peligrosidad y manejo apropiado de los productos de limpieza.

8. Situaciones de emergencia

HILO CONDUCTOR

Para evitar y prevenir incendios en el restaurante, se distribuyen por el establecimiento varios extintores, y a su vez, siguen una serie de pautas como:

- Hacen mantenimiento y retimbrado periódico de extintores y demás equipos contra incendios.
- Señalizan la ubicación de los equipos de extinción.
- Revisan y mantienen las instalaciones eléctricas aisladas y protegidas.
- Señalizan y dejan libres las salidas de emergencia.
- Realizan planes de emergencia e instrucción a los trabajadores.
- Realizan periódicamente ejercicios de evacuación simulada.
- Realizan periódicamente ejercicios de manejo de extintores.

En ocasiones se producen incidentes que, por el riesgo o peligro que suponen para el personal o cliente de un establecimiento, requieren una respuesta urgente y concreta encaminada a paliar, reducir o anular sus efectos.

Es importante observar con atención y detenimiento las pautas a seguir, y realizar con máxima rigurosidad lo determinado en cada momento, ya que no solo ponemos en riesgo bienes materiales o económicos, sino en algunas circunstancias se ponen en peligro también vidas humanas.

Se debe extremar la precaución con el uso de aceites.

Es por ello que deberán establecerse los **procedimientos de aviso y actuación** necesarios, los cuales deben conocer los empleados del establecimiento para saber qué acciones llevar a cabo en caso de emergencia.

NOTA

Resulta muy importante la formación de los trabajadores en prevención de riesgos, así como en el plan de prevención y emergencia de la empresa.

8.1. Procedimientos de actuación, aviso y alarmas

Dependiendo del tamaño del establecimiento, se puede llegar a formar un **Equipo de Alarma y Evacuación (EAE).**

Una de las misiones de este grupo es **preparar la evacuación,** comprobando las vías de salida, situándose en los puestos estratégicos de evacuación y dirigiendo al resto de personas, trabajadores o clientes. Para ello deberá realizar las siguientes **acciones:**

- Conducción de personas hacia las vías de evacuación y salida.
- En las puertas, asegurar la **velocidad de evacuación e impedir aglomeraciones** o la formación de tapones.
- Se situarán en escaleras, evitando aglomeraciones.
- Avisar de **no utilizar los ascensores** en caso de incendio.
- Procurar que las personas que salgan al exterior no se sitúen en los laterales o zonas cercanas a la puerta.
- Deben conducir a las personas al **punto de encuentro exterior** determinado.

¿Pero quién forma el Equipo de Alarma y Evacuación (EAE)?

Este grupo estará formado por personas que reúnan unas características determinadas, como, por ejemplo, **mantener la calma y la serenidad y saber transmitirla.**

Para que la coordinación ante una situación de emergencia sea buena, debemos **centralizar la información y la toma de decisiones.** Esto se llevará a cabo en un lugar accesible y seguro dentro del establecimiento, donde dispondremos de los números de teléfono importantes, central de alarmas, y toda la información necesaria.

Para evaluar la eficacia y coordinación ante una situación de emergencia, es conveniente realizar **simulacros** cada cierto tiempo, que tendrán, entre otros, los siguientes **objetivos:**

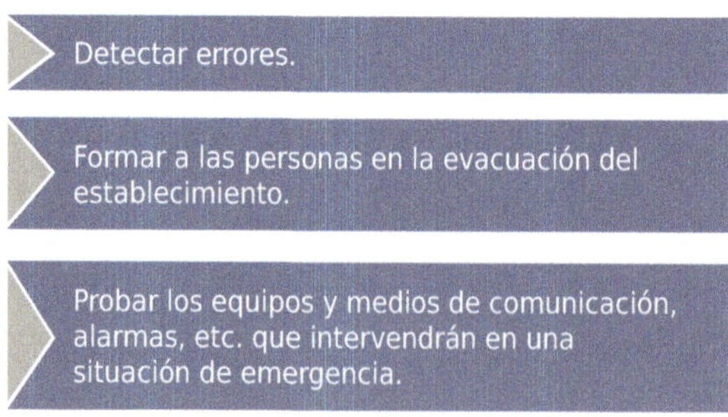

Continúa en página siguiente >>

<< Viene de página anterior

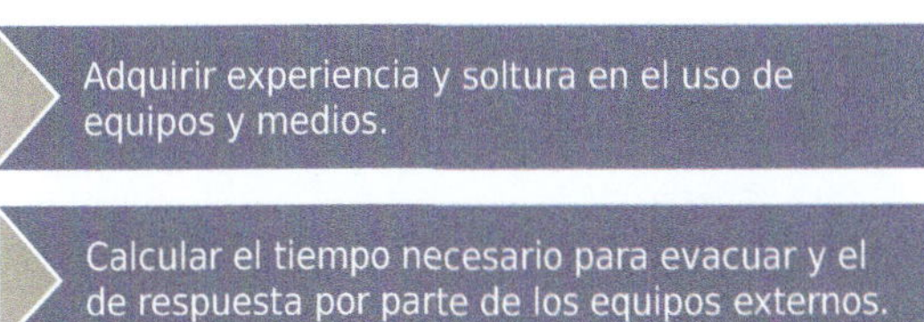

IMPORTANTE

A la hora de realizar los simulacros debemos avisar o solicitar permiso para llevarlo a cabo, así como coordinarlo con el servicio de bomberos o cualquier otro que tenga que responder ante cualquier emergencia.

Debemos informar al personal de todo el proceso, incluido día y hora, hasta llegar a realizarlos sin previo aviso para que se convierta en algo automático.

8.2. Incendios

El peligro de incendio en un establecimiento de hostelería se mantiene durante 24 horas, a lo largo de todo el año. El origen de estos incendios puede deberse a fallos en el sistema eléctrico (instalación deficiente, sobrecargas, empalmes, etc.), habitaciones (planchas, velas, etc.), cocinas (freidoras, campanas extractoras, etc.), etc.

Cada establecimiento hostelero, contará con un **manual de seguridad contra incendios.** Este manual se integrará fundamentalmente en el programa de mantenimiento, y se detallarán las **funciones de cada persona** que compone el sistema de seguridad y el **plan de evacuaciones.**

Así, la prevención y actuación ante incendios parte fundamentalmente de dos aspectos:

- Medios técnicos
- Factores organizativos

Medios técnicos

Tienen que ver con la **infraestructura y el equipamiento** que permiten implantar un sistema de prevención, detección y extinción de incendios.

Sistemas de protección activa	Sistemas de protección pasiva

- Compuesto por elementos, equipos y sistemas de alta tecnología con el fin de controlar, detectar y dar una respuesta automática a un incendio. Entre otros, este sistema se compone de: sensores, detectores de humo, llamas, etc. y receptores de señales tales como, alarmas acústicas, etc.	- Se componen por factores o elementos físicos del edificio, como señales de salidas de escape o emergencia, o sistemas de luces de emergencia.

Es muy importante el **diseño del establecimiento,** junto a las normas de seguridad.

La circulación en el local debe ser vertical (con escaleras) y también horizontal (a través de los pasillos), **las puertas se abrirán hacia fuera,** los accesos se deben identificar con facilidad y deben estar libre de objetos, el revestimiento de las puertas debe ser incombustible, etc.

Factores organizativos

Se corresponden con las estrategias, por medio de **planes y programas,** cuyo objetivo es el éxito del sistema de prevención, detección y extinción de incendios.

Los extintores con los que cuente la empresa deberán ser revisados periódicamente para garantizar su correcto uso.

También es importante dotar al establecimiento de **equipos y medios de extinción** y seguir una serie de **pautas:**

- Colocar extintores de incendio adecuados a la clase de fuego.
- Hacer mantenimiento y retimbrado periódico de extintores y demás equipos contra incendios.
- Disponer de instalaciones fijas de extinción.
- Señalizar la ubicación de los equipos de extinción.
- Instalar sistemas de detección de alarma.
- Revisar y mantener las instalaciones eléctricas aisladas y protegidas.
- Señalizar y dejar libres las salidas de emergencia.
- Colocar carteles con planos de localización.
- Decorar con materiales resistentes al fuego.
- Realizar planes de emergencia e instrucción a los trabajadores.
- Realizar periódicamente ejercicios de evacuación simulada.
- Realizar periódicamente ejercicios de manejo de extintores.

A la hora de **utilizar un extintor,** será necesario seguir una serie de normas así como prestar atención a algunas medidas de seguridad.

Medidas de seguridad	Forma de utilización
- Leer las inscripciones del extintor antes de utilizarlo. - No golpear el extintor, ya que es un recipiente a presión. - No situarse encima del extintor, habrá que inclinarlo ligeramente. - Realizar la extinción a favor del viento, siempre que sea posible. - No perder de vista la zona extinguida. - No acercarse excesivamente al fuego. - Coger el extintor por el sitio adecuado, especialmente en el caso de extintores de CO_2. - Precaución de no proyectar el extintor sobre los ojos.	- Averiguar el tipo de combustible. - Elegir el tipo de extintor adecuado. - Revisar que el manómetro se encuentre en la zona verde de presión adecuada. - Quitar el precinto de seguridad. - Presurizar si fuera necesario. - Realizar un disparo de prueba antes de acercarse al fuego. - Atacar al incendio por la base. - Siempre que sea posible actuar por parejas, sin colocarse uno enfrente del otro.

DEFINICIÓN

Presurizar

Mantener la presión atmosférica normal en un recinto, independientemente de la presión exterior.

ACTIVIDAD COMPLEMENTARIA

8. Busca información sobre el tipo de mantenimiento y revisiones que debe aplicarse a los extintores y equipos de extinción de incendios, su frecuencia, peligrosidad y personas que la llevan a cabo. ¿Qué consecuencias tendría para un establecimiento no seguir con dicho mantenimiento?

8.3. Escapes de gases

Es primordial realizar las **revisiones de instalaciones de gas** con la periodicidad recomendada, así como verificar su mantenimiento y buen estado cada cierto tiempo. Los escapes de gas son muy peligrosos y ponen en riesgo la salud o la vida de las personas que trabajan en los establecimientos hosteleros, ya sean trabajadores o clientes.

El gas puede entrar en contacto con una chispa o una llama, provocando una explosión y a continuación el fuego. En caso de utilizar bombonas, debemos **anclarlas.** Además, si usamos bombonas o tanques de gas, debemos protegerlos con **vallas de seguridad.**

Es muy importante la colocación de un detector de fugas de gas; también se deben colocar **rejillas de ventilación** a la altura del suelo. En caso de **detectar una posible fuga,** por ejemplo a través del olfato, debemos realizar **las siguientes acciones:**

1. Cerrar las llaves de paso de gas más cercana al área de la fuga o, en su defecto, la llave general de alimentación, normalmente ubicada junto al recipiente de almacenamiento.
2. Abrir puertas y ventanas para que circule el aire en el habitáculo.
3. No conectar ni desconectar la energía eléctrica: los interruptores siempre generan chispas y estas, provocan una explosión.
4. Ante la certeza de una fuga, abandonar el edificio rápidamente.
5. Avisar inmediatamente a la central de bomberos o a la compañía de gas, para que atiendan la emergencia.

IMPORTANTE

Es primordial realizar las revisiones de instalaciones de gas con la periodicidad recomendada.

8.4. Fugas de agua o inundaciones

El mantenimiento preventivo juega un papel muy importante en este tipo de incidencias, ya que además de evitar consumos o gastos innecesarios debido a la fuga de agua, puede ocasionar situaciones de riesgo y accidente.

Las fugas de agua o inundaciones, dependiendo de su caudal, afectarán al establecimiento hostelero en mayor o menor medida:

- **Resbalones o caídas:** las fugas de agua pueden provocar accidentes producidos por resbalones o caídas y, en muchos casos, según la zona en que se produzcan, combinarse con otros elementos que incrementen el peligro, como en una cocina, donde existen elementos cortantes o altas temperaturas.

- **Electrocución:** pueden afectar a un sistema eléctrico defectuoso, convirtiéndose en una circunstancia muy peligrosa para el personal o cliente, pues se corre peligro de electrocución.

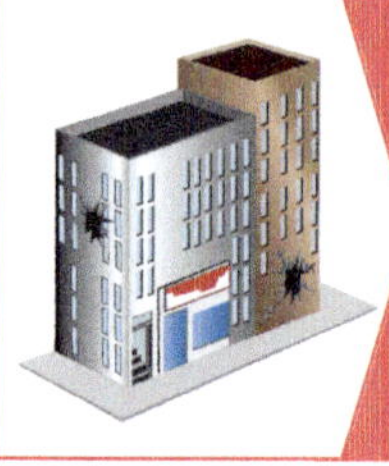

- **Daños materiales y económicos:** en algunos casos, tardan un tiempo en hacerse visibles, dependiendo de la zona de que se trate, originando daños materiales y económicos al establecimiento.

- **Inundaciones:** cuando estas fugas de agua son mayores, dan lugar a inundaciones de zonas inferiores. Así pues, es conveniente situar estratégicamente las rejillas para la evacuación de agua.

IMPORTANTE

Teniendo en cuenta la intensidad de la fuga o de la inundación de una determinada zona o área dentro de un establecimiento, realizaremos planes de actuación que irán encaminados a evacuar la zona afectada.

8.5. Planes de emergencia y evacuación

Un plan de emergencia contemplará la **planificación y organización de las personas,** para utilizar correctamente los medios técnicos que se han previsto con el objetivo de reducir las consecuencias para las personas y consecuencias económicas derivadas de una situación de emergencia.

Para utilizar los recursos disponibles, con anterioridad debemos haber dotado al establecimiento de los **materiales o medios técnicos** necesarios en función de la actividad que realiza, debiendo **identificar y analizar los riesgos del establecimiento hostelero.**

Una vez se ha equipado correctamente y se ha realizado la planificación de las acciones, podemos hablar de que se ha implantado un plan de emergencia. En el caso del sector de la hostelería, es **obligatoria su implantación.**

Así pues, si queremos **redactar un plan de emergencia,** debemos tener en cuenta los siguientes aspectos:

Evaluación del riesgo

- Pretende identificar cualquier riesgo potencial de incendio, valoración y localización en el establecimiento hostelero.

Medios de protección

- Haremos constar los medios técnicos y humanos necesarios para la autoprotección en este documento.

Continúa en página siguiente >>

<< Viene de página anterior

Plan de emergencia

- Se elaborará el esquema de actuaciones a realizar en caso de emergencia. Este plan dará respuesta concreta y concisa a preguntas como "¿qué se hará?", "¿quién lo hará?", etc.

Implantación

- Serán el conjunto de medidas a tomar como consecuencia de una emergencia y que permitirá asegurar la eficacia operativa del plan de emergencia.

9. Primeros auxilios

HILO CONDUCTOR

Durante su jornada laboral, María se ha hecho un corte con el cuchillo y esto le ha provocado una herida en la mano. Su compañero intenta ayudarla y para ello lava y desinfecta la herida, no utilizando algodón, sino una gasa esterilizada y no aplicándole cremas ni polvos. Se lo comunica a su superior para que puedan administrarle a María la vacuna del tétanos.

En función del riesgo existente en cada empresa, de su tamaño, de su distancia a un centro de asistencia, el establecimiento hostelero puede disponer desde un **botiquín portátil** hasta una **dependencia específica** destinada a los primeros auxilios.

El **botiquín** estará compuesto por los siguientes elementos:

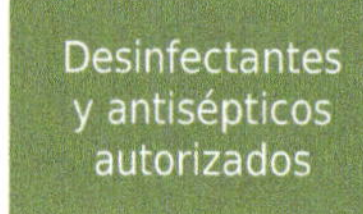

Continúa en página siguiente >>

<< Viene de página anterior

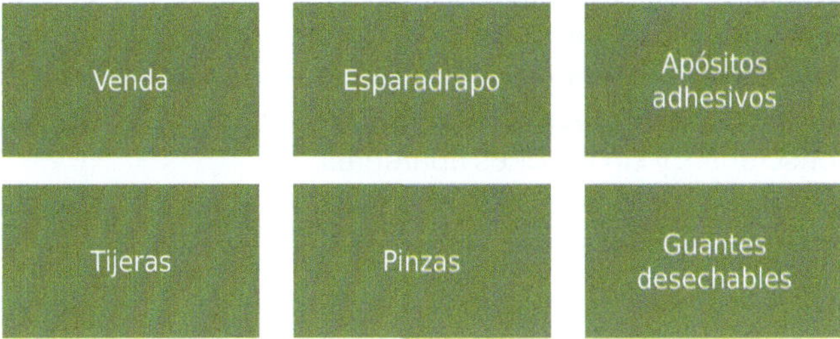

En el caso de disponer de un **local para los primeros auxilios,** estará equipado como mínimo con un botiquín, una camilla y agua potable. Se situará cerca de los puestos de trabajo y se podrá acceder a él con una camilla. El equipo se ampliará en función del trabajo que se realice en el centro y de los accidentes que se puedan producir al realizar la actividad. Todo este material estará bajo el cuidado de una persona que sepa usarlo.

NOTA

En algunos casos el establecimiento contará con material auxiliar como mantas termoaislantes, equipo de reanimación, aspirador manual o abrebocas helicoidal, entre otros.

Los primeros auxilios tienen el **objetivo de salvar la vida a la víctima, evitar que se produzcan más lesiones y conseguir la ayuda** de una persona experimentada. Para conseguir todo esto debemos seguir una serie de pautas o principios básicos:

- Mantener la calma y actuar con rapidez, manteniendo una actitud serena y tranquilizando al herido.
- Antes de actuar evaluaremos las situaciones que puedan suponer un aumento del riesgo para el accidentado.
- A una persona herida, salvo que exista un peligro importante para su integridad física, no se le mueve. Si es imprescindible, lo haremos extremando la precaución.
- Examinar al herido realizando una rápida inspección.

- El apoyo psicológico es importante, hay que tratar de tranquilizar al herido. Además, en los casos en que se produzca una pérdida de temperatura corporal, taparemos al herido, por ejemplo, con una manta.
- Ponerlo en postura de seguridad, de lado, con el fin de evitar ahogamiento si se produce el vómito. Lo haremos con aquellas personas inconscientes y sin lesiones aparentes.
- Evacuar al herido tratando de no agravar las posibles lesiones y procurando el máximo confort.

IMPORTANTE

Nunca suministraremos medicamentos o alimentaremos al herido, y tampoco nos excederemos en las técnicas de primeros auxilios.

Recuerda que ante cualquier accidente debemos **proteger, alertar y socorrer.** La forma de actuar ante cada tipo de accidente o lesión es distinta, siendo las más comunes:

Lesión	Primeros auxilios
Contusiones	- Debemos aplicar frío y mantener en reposo. Pueden esconder lesiones más complicadas. - Nunca vaciar y masajear los hematomas ni utilizar cremas.
Heridas	- Evitaremos la contaminación de la herida y la desinfectaremos. - Nunca utilizar algodón, retirar cuerpos extraños, manipular la herida, ni utilizar antisépticos de color, polvos o cremas.
Hemorragias	- Debemos lavar y desinfectar la herida. - Presionaremos la herida. - Situar la herida por encima del nivel del corazón. - Vendar la herida. - Si es arterial, presionar con los dedos.
Quemaduras térmicas	- Retirar a la persona de la fuente de calor. - Contrarrestar los efectos del calor, enfriando la zona quemada. - Cubrir la zona afectada con gasa esterilizada. - Si el accidentado está inconsciente, ponerlo en posición de seguridad.

Continúa en página siguiente >>

<< Viene de página anterior

Lesión	Primeros auxilios
Quemaduras eléctricas	- Cortar la corriente antes de tocar al herido. - Separar al accidentado de la fuente eléctrica. - Actuar igual que ante las quemaduras térmicas.
Quemaduras químicas	- Disponer de la ficha técnica del producto. - Actuar según lo indicado en la ficha de seguridad. - Nunca aplicar pomadas, administrar líquidos por vía oral, pinchar o romper las ampollas. - Disponer de la ficha técnica del producto. - Actuar según lo indicado en la ficha de seguridad. - Nunca aplicar pomadas, administrar líquidos por vía oral, pinchar o romper las ampollas.
Mareos y lipotimias	- Podemos colocar a la persona que la sufre tumbada con las piernas levantadas.
Esguinces	- Inmovilizamos la zona, aplicamos frío y mantenemos en reposo.

Fracturas	- En caso de fractura, nunca:
	  - Intentar unir los extremos del hueso afectado.
	  - Mover a la persona.
	  - Suministrar bebidas ni comidas.

Intoxicaciones	- Es muy importante identificar el tóxico, evitar su absorción y llevar a la persona afectada a un centro médico lo antes posible.

ACTIVIDAD 8

1. Finalmente, el nuevo restaurante de la cadena en la que trabajas está terminando sus reformas y su apertura será en breve, tan solo falta realizar el plan de emergencia y evacuación del establecimiento. ¿Cómo lo llevarás a cabo? ¿Cuál es el orden que deberás seguir para realizarlo?

   a. Elaborar un esquema de actuaciones a realizar en caso de emergencia.
   b. Identificar y evaluar cualquier riesgo potencial que pueda producirse en el establecimiento.
   c. Establecer los medios técnicos y humanos necesarios para la protección de los trabajadores y del establecimiento.
   d. Implantar las medidas a adoptar como consecuencia de una emergencia, permitiendo asegurar la eficacia de las operaciones del plan.

Continúa en página siguiente >>

<< Viene de página anterior

2. Una vez realizado el plan de emergencia y evacuación, el restaurante está listo para su apertura. Pero durante su primera jornada ocurre un accidente y se produce un incendio en la cocina debido a un descuido de un empleado. ¿Qué procedimientos de control, aviso y alarma llevarás a cabo?

   a. Gritar a las demás personas que se vayan para la salida que tengan más cercana pero que no se sitúen en las escaleras.
   b. Avisar de no utilizar los ascensores.
   c. Impedir aglomeraciones o formación de tapones en las puertas, asegurando una velocidad adecuada de evacuación.
   d. Procurar que las personas que salgan al exterior se queden lo más cercanas a la puerta.
   e. Avisar a las personas que usen el ascensor tanto como puedan.
   f. Conducir a las personas hacia las vías de evacuación y salida.

3. A continuación, te dispones a extinguir el fuego con la ayuda de un extintor. Ordena las fases de actuación.

   a. Elegir el tipo de extintor adecuado.
   b. Averiguar el tipo de combustible.
   c. Quitar el precinto de seguridad.
   d. Atacar al incendio por la base.
   e. Revisar que el manómetro se encuentre en la zona verde de presión adecuada.
   f. Presurizar si fuera necesario.
   g. Realizar un disparo de prueba antes de acercarse al fuego.

4. Por desgracia, uno de tus compañeros ha resultado herido ya que las llamas le han alcanzado en el brazo, sufriendo una quemadura leve. ¿Cómo podrás ayudarlo?

   a. Protegiéndolo, para ello lo retiraremos de la fuente de calor para que quede fuera de peligro.
   b. Contrarrestando los efectos del calor enfriando la zona quemada.
   c. Aplicando cremas u otros remedios como margarinas, para mitigar el dolor.
   d. Cubriendo la zona afectada con gasa esterilizada.
   e. Si el accidentado está inconsciente, ponerlo tumbado boca arriba.

10. Resumen

La seguridad es un elemento a tener en cuenta en todos los procesos, situaciones o áreas de cualquier sector.

Existen determinadas **situaciones que suponen un riesgo** para el personal que trabaja en un establecimiento de hostelería, por lo que es importante saber cómo reducirlos o anularlos con las medidas que podemos adoptar.

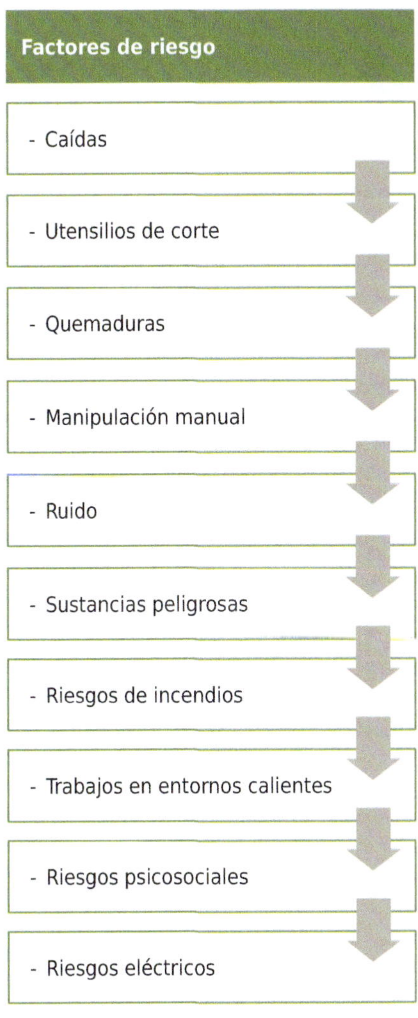

Así, es importante que el establecimiento cuente con unas **medidas de seguridad** adecuadas y que el personal lleve a cabo una serie de **medidas de prevención** en cada actividad o zona.

Por ello, es importante que el local esté habilitado adecuadamente y el personal esté dotado de la **formación y medios técnicos** suficientes para responder ante las situaciones de emergencia, siendo las más comunes:

- Incendios
- Escape de gases
- Fugas de agua o inundaciones

Ejercicios de autoevaluación Unidad de Aprendizaje 6

1. ¿En qué departamento de los que enumeramos se pueden producir accidentes por quemaduras?

a. Cocina.
b. Lavandería.
c. Mantenimiento.
d. Todas las opciones son correctas.

2. En un establecimiento hostelero, el suelo debe ser antideslizante...

a. ... en todas las zonas.
b. ... solo y exclusivamente en la cocina.
c. ... detrás de la barra de cafetería.
d. ... en recepción.

3. Las señales que tienen forma triangular, con bordes negros y un pictograma negro sobre un fondo amarillo, son:

a. Señales de prohibición.
b. Señales de obligación.
c. Señales de advertencia.
d. Señales de salvamento o socorro.

4. Que las máquinas de corte dispongan de mecanismos de protección es:

a. Aconsejable.
b. Recomendable.
c. Obligatorio.
d. No es necesario.

5. Los extintores en un establecimiento hostelero estarán...

a. ... en buen estado.
b. ... revisados.
c. ... en lugar visible.
d. Todas las opciones son correctas.

6. ¿Qué consecuencias puede ocasionar la falta de luz en un establecimiento hostelero?

a. Los clientes pueden confundir los restaurantes con pubs.
b. Se pueden originar cortes por falta de luz o fatiga visual.
c. Crearemos una atmósfera que propiciará el descanso de los trabajadores.
d. Todas las opciones son incorrectas.

7. En caso de incendio no podemos...

a. ... utilizar el ascensor.
b. ... concentrarnos alrededor de la salida de emergencia.
c. ... utilizar la escalera.
d. Las opciones a y b son correctas.

8. Al realizar simulacros...

a. ... podemos calcular el tiempo necesario para evacuar y el de respuesta por parte de los equipos externos.
b. ... en ningún caso informaremos al personal del local.
c. ... lo realizaremos por departamentos.
d. ... siempre se informará a los trabajadores.

9. Los establecimientos hosteleros dispondrán de un botiquín en los siguientes casos:

a. Cuando tienen capacidad para más de 50 clientes.
b. En todos los casos.
c. En restaurantes, en hoteles habrá sala de curas.
d. Todas las opciones son incorrectas.

10. Cuando una persona está inconsciente después de un accidente...

a. ... le daremos un poco de agua para que se recupere rápidamente.
b. ... intentaremos despertarlo poco a poco.
c. ... lo colocaremos en posición de seguridad, para que no se asfixie si vomita.
d. Todas las opciones son correctas.

Glosario

Adhesivo
Es una sustancia que puede mantener unidos a dos o más cuerpos por contacto superficial.

Amenities
Son los pequeños artículos de aseo personal que se colocan en los cuartos de baño de los hoteles.

Anisakis
Es un parásito que se encuentra en ciertos pescados.

Bacterias
Son microorganismos unicelulares vivos que se encuentran en todo el medio.

Cartón
Es un material formado por varias capas de papel superpuestas, a base de fibra virgen o de papel reciclado.

Caucho
Es un hidrocarburo elástico.

Celulosa de papel
Es un polisacárido compuesto exclusivamente de moléculas de glucosa.

Cocina
Es el área destinada a transformar, distribuir y almacenar alimentos.

Contaminación
Incorporación de un elemento a un alimento, elemento que no forma parte del mismo y que tiene capacidad de causar una enfermedad a quien lo consuma.

Contusión
Es una lesión producida por un impacto o golpe.

Corcho
Es un material que se obtiene a partir de la corteza del alcornoque.

Cuero
Es el pellejo que cubre la carne de los animales después de curtido y preparado para su conservación y uso doméstico e industrial.

Desinfección
Es el conjunto de acciones, en las que se eliminan todas las bacterias presentes en nuestra área de trabajo.

Desinsectación
Destrucción de los insectos mediante procedimientos o agentes físicos y químicos.

Desratización
Destrucción de animales roedores por procedimientos y/o agentes físicos o químicos.

Equipo de Protección Individual (EPI)
Es el equipo utilizado por un trabajador para que lo proteja de los riesgos que amenazan su seguridad o salud en el trabajo.

Esguince
Es un desgarro de los ligamentos cuando se fuerza una articulación.

Esterilización
Destrucción de los microorganismos a través de calor.

Eyector
Es un equipo que evita salpicar agua tanto como en los equipos normales.

Fractura
Es la rotura de un hueso.

Hemorragia
Es una lesión que se produce cuando se rompe un vaso sanguíneo y la sangre se vierte al exterior.

Herida
Es una lesión en la que se produce una rotura de la piel.

Higienizante
Es la mezcla de un detergente y un desinfectante.

Infección alimentaria
Es causada por la ingestión de alimentos contaminados por microorganismos patógenos vivos, generalmente bacterias.

Intoxicación
Enfermedad que se produce cuando absorbemos un producto nocivo, que altera las funciones vitales de nuestro organismo.

Intoxicación alimentaria
Enfermedad provocada por ingerir alimentos contaminados por sustancias tóxicas o toxinas, pudiendo provenir de distintas fuentes.

Limpieza
Es la acción o conjunto de acciones que hace posible la eliminación de la suciedad producida por los restos de alimentos, grasa, polvo, etc.

Lipotimia
Es una pérdida momentánea del conocimiento.

Luxación
Es una lesión que se produce cuando se sale de su sitio un hueso que forma parte de una articulación.

Manipulador de alimentos
Persona que tiene contacto directo con los alimentos durante alguna de las etapas por las que estos pasan: preparación, fabricación, transformación, elaboración, envasado, almacenamiento, transporte, distribución, manipulación, venta, suministro y servicio de productos alimenticios al consumidor.

Perlizador
Es un equipo que mezcla aire con agua apoyándose en la presión y reduciendo de este modo el consumo de agua y de energía derivada de su calentamiento.

pH
Es la medida con la que se mide la acidez o alcalinidad de los alimentos.

Plan de emergencia

Es la planificación y organización de las personas, para utilizar correctamente los medios técnicos que se han previsto con el objetivo de reducir las consecuencias para las personas y consecuencias económicas derivadas de una situación de emergencia.

Plan de Limpieza y Desinfección

Es un plan que tiene como objeto asegurar la limpieza y desinfección total y correcta del local, instalaciones, equipos y recipientes.

Plástico

Es un material hecho a base de sustancias químicas sintéticas denominadas polímeros, que son de estructura macromolecular y que pueden ser moldeados mediante calor o presión y cuyo componente principal es el carbono.

Productos de limpieza

Son composiciones químicas que se utilizan para la limpieza microscópica (desinfectantes) y macroscópica (detergentes).

Productos no perecederos

Son los que no precisan de frío para su almacenamiento.

Quemadura

Es una lesión de los tejidos, producida por la acción del calor sobre el organismo.

Reciclaje

Es la transformación de los residuos, dentro del proceso de producción, sea para su destino inicial o para cualquier otro fin.

Reductor volumétrico

Es un sistema que disminuye la presión del agua.

Residuo

Es cualquier producto en estado sólido, líquido o gaseoso, que proviene de un proceso de extracción, transformación o utilización, y que es abandonado por parte de su propietario.

Silicona

Es un polímero inodoro e incoloro hecho principalmente de silicio.

Textil

Es el término genérico aplicado originalmente a las telas tejidas, pero que hoy se utiliza también para fibras, filamentos, etc.

Toxiinfecciones alimentarias

Son aquellas enfermedades producidas por la ingestión de alimentos contaminados, por microorganismos nocivos, capaces de segregar toxinas después de ser consumidos.

Triquinosis

Afección parasitaria que se contrae por consumo de carne.

Zona de residuos

Es el lugar destinado al depósito de los desperdicios y basuras.

Bibliografía

Monografía

- ARMENDARIZ Sanz, J. L.: *Gestión de la Calidad y de la seguridad e higiene alimentarias.* Madrid: Ediciones Paraninfo, 2019.

  Este libro desarrolla los contenidos del módulo de Gestión de la Calidad y de la Seguridad e Higiene Alimentarias de los ciclos formativos de grado superior de Dirección de Cocina y de Dirección de Servicios de Restauración, pertenecientes a la familia profesional de Hostelería y Turismo.

- VV. AA.: *El medio ambiente en Europa. Estado y perspectivas 2015.* Copenhague: Agencia Europea de Medio Ambiente, 2020.

  Este libro desarrolla el informe de síntesis del estado medioambiental, en relación a las políticas medioambientales comunitarias, así como la evaluación de las tendencias actuales en torno a la protección, conservación y mejora del capital natural, el uso eficiente de los recursos y los retos de carácter sistémico a los que se enfrenta Europa.

- VV. AA.: *Guía de reciclado para autónomos y trabajadores de microempresas del sector de la hostelería.* Madrid: UPTA, 2010.

  Manual llevado a cabo con el fin de difundir la cultura medioambiental en el sector de la hostelería, ayudando a buscar soluciones para la recogida de los residuos, asegurar un gasto energético razonable y apoyar la creación de pequeñas empresas verdes.

- VV. AA.: *Manipulador de alimentos.* Antequera: IC Editorial, 2022

  Esta guía presenta la conceptualización de la manipulación de alimentos, las áreas de higiene personal, las necesidades de implantación de un sistema de APPCC...

- VV. AA.: *Manual de Seguridad y Salud en Cocinas, Bares y Restaurantes.* Madrid: FREMAP, 2017.

  Este manual pretende dar a conocer a los trabajadores del sector de bares, restaurantes y cocinas los riesgos más frecuentes a los que se encuentran expuestos y la forma de actuar para prevenirlos.

→ VV. AA.: *Manual de Seguridad y Salud en Hostelería.* Madrid: FREMAP, 2023.

Este manual pretende dar a conocer a los trabajadores del sector de hostelería los riesgos más frecuentes a los que se encuentran expuestos y la forma de actuar para prevenirlos, fomentando la implantación de buenas prácticas de prevención.

→ VV. AA.: *Requisitos simplificados de higiene. Guía orientativa para la implantación del Sistema de Autocontrol en ciertos establecimientos alimentarios.* Sevilla: Junta de Andalucía, Consejería de Salud, 2008.

Esta guía presenta los parámetros y pautas a llevar a cabo para la implantación de un Sistema de Autocontrol en ciertos establecimientos alimentarios.

Textos electrónicos, bases de datos y programas informáticos

→ Agencia Europea de Medio Ambiente (AEMA), de:
http://www.eea.europa.eu/es

Web de la Agencia Europea de Medio Ambienten en el que se expone información sobre las medidas y exposición en torno a la contaminación atmosférica, biodiversidad, cambio climático, consumo, industria, turismo, etc.

→ Medio ambiente en la Comisión Europea, de:
http://ec.europa.eu/environment/index_en.htm

Organismo encargado de asegurar que los Estados miembros apliquen correctamente la legislación medioambiental de la UE.

→ Seguridad alimentaria: de la granja a la mesa, de:
https://eur-lex.europa.eu/legal-content/ES/TXT/?uri=LEGISSUM:f84001

Sínteisis de la legislación de la UE en relación a la Seguridad alimentaria: de la granja a la mesa.